FORÇA DE IMPACTO

ALDO NOVAK

FORÇA DE IMPACTO

COMO TER DESEMPENHO EXTREMO QUANDO VOCÊ MAIS PRECISA

AGIR

Editora Nova Fronteira Participações S.A.
Rua Nova Jerusalém, 345 – Bonsucesso – 21042-235
Rio de Janeiro – RJ – Brasil
Tel.: (21) 3882-8200 – Fax: (21) 3882-8312/8313

CIP-BRASIL. CATALOGAÇÃO NA PUBLICAÇÃO
SINDICATO NACIONAL DOS EDITORES DE LIVROS, RJ

N822f

Novak, Aldo, 1962-
Força de impacto : Como ter desempenho extremo quando você mais precisa / Aldo Novak. - 1. ed. - Rio de Janeiro : Agir, 2015.
176 p. ; 23 cm.

ISBN 978.85.220.3080-4

1. Motivação (Psicologia). 2. Técnicas de autoajuda. I. Título.

CDD: 158.1
CDU: 159.947

Para
Amanda

Sumário

Introdução

Não existe segunda chance para causar uma primeira impressão boa.

Essa frase é uma "meia verdade" — o que significa que é uma "meia mentira".

Você nunca sabe a força que tem até que a sua única alternativa é ser forte.

A questão é que, apesar de falsa na maior parte dos casos, há situações nas quais ela é, sim, bem verdadeira.

Talvez você precise de energia máxima já, com força e velocidade. O agora é a única opção. São momentos nos quais a *peak performance* é a única escolha.

Isso pode não acontecer todos os dias de sua vida, mas em certos momentos, diante de certas pessoas e de certas situações, essa *força de impacto* será essencial. Algumas vezes, na máxima potência e com a velocidade de um relâmpago. Chamo isso de *desempenho extremo*.

Em diversas situações, precisamos desse desempenho extremo sem termos sido treinados em absoluto. São situações nas quais precisamos ser espetaculares imediatamente.

Não há tempo para preparação.

Força de impacto fala de um tipo muito específico de força, que usamos em vários momentos na vida e que surge quando você mais precisa: agora.

Força para aquela reunião da empresa, seja com sua equipe ou com seus superiores, seja com os acionistas ou com a imprensa; força para a palestra crítica para sua carreira e seus projetos.

Força para o encontro romântico. Para controlar o tremor das mãos geladas quando seu amor está chegando. Força para sentir o frio no seu estômago, a respiração difícil e, ainda assim, ter a coragem de dar o próximo passo e enfrentar novas incertezas.

Força para subir no palco e falar ao microfone. Força para receber um cliente ou, ainda mais difícil, o *primeiro* cliente. Força para superar perdas. Força para aquele teste, ou para começar a trabalhar em uma nova função na fábrica ou escritório, se dedicar ao seu sonho de vida, para trabalhar em algo que você detesta, somente para pagar as contas enquanto procura algo melhor.

Força para aquela conversa difícil com um adolescente irascível, com seu cônjuge (ou ex-cônjuge), ou com um cliente que vai reclamar do produto ou serviço. Força para desenvolver uma nova invenção, projeto, evento ou solução.

Força para ministrar uma aula espetacular.

Força para criar a pintura, o livro, a foto, o filme, o show ou a canção que será lembrada pelas pessoas que você ama nos próximos anos, ou pelo mundo nos próximos séculos.

Força para superar seus medos na conversa que vai mudar os rumos de sua vida, que pode estar indo na direção errada e você descobriu isso há tempos.

Força para criar ordem em meio ao caos. Para transformar lágrimas em sorrisos.

Nessa força está nosso foco mental e emocional.

Por causa dessa força, a bioquímica do nosso corpo *se ajusta* para que seja possível sobrevivermos em uma situação de emergência, ou fazermos o necessário para que nossa meta pessoal, profissional, financeira ou interior seja alcançada. Assim ultrapassamos nossos limites.

Essa é uma força que não aceita desculpas ou razões para que algo não seja feito. É uma força explosiva. Impetuosa. Desafiadora. Mas cada um de nós tem motivos diferentes para entrar em desempenho extremo. E todos nós podemos fazer isso, se soubermos como.

Por isso este é um livro raro.

Você não vai encontrar praticamente nenhuma literatura no mundo sobre como gerar *força* e *desempenho extremo* imediatamente, em alguns casos usando somente 120 segundos do seu tempo.

Com a provável exceção do ótimo trabalho de Timothy Gallwey, sobre o jogo interior, ou as pesquisas originais e impactantes de Amy Cuddy, de Harvard, e sua colega Dana Carney, de Columbia, há pouca coisa publicada de forma abrangente sobre alguns aspectos importantes de desempenho extremo.

Há livros e treinamentos sobre *alta performance*, que é algo diferente, como entenderemos adiante.

Algumas pessoas gostam de dizer que a força de impacto é um modo de comparar o *novo* você com o *velho* você.

Porque você só cresce na vida quando o seu melhor *atual* supera seu pior, *anterior*.

Você *novo* vencendo você *antigo*.

É bom saber

Não tenho interesse em ser um super-homem ou supermulher nos palcos ou nos esportes. Para que vou usar isso?

Ótima pergunta.

Desempenho extremo é muito ligado aos esportistas ou *performers*, apenas porque é mais fácil usar tais pessoas para explicar os conceitos. Entretanto, desempenho extremo não funciona só para eles.

Um jovem no almoço de domingo com a família pode precisar dessa força à mesa. Uma senhora centenária pode precisar para aguentar a infantilidade de "crianças" de sessenta ou setenta anos. Um monge, mesmo bem longe dos palcos, também pode ter desempenho extremo, ao passar horas, todos os dias, repetindo mantras e orações, movendo seu corpo em uma única direção, enquanto medita em silêncio mesmo quando o mundo está um caos.

Uma mãe — e as mães sabem bem disso — também pode passar por desempenho extremo ao preparar a lancheira dos filhos, cuidar de suas roupas, do que eles assistem na tevê, da festa de aniversário do amiguinho, das vacinas, do café da manhã, do almoço, do jantar, da educação, da lição de casa, do leva e traz da escola, das reclamações, das brigas... Bom, vou parar por aqui porque só de escrever meia dúzia de linhas já fiquei exausto. Qualquer mãe sabe que tudo isso que escrevi é apenas uma brincadeira perto do estresse que elas enfrentam todos os dias. E muitas mães fazem isso por anos seguidos. Se isso não é desempenho extremo, o que é?

Vendedores, escritores, tradutores, hipnólogos, artistas, arquitetos, motoristas, dirigentes... Pense em uma profissão: lá existe grande espaço para desempenho extremo.

Então, tudo que ensino neste livro serve para todas as pessoas. Apenas uso como exemplo algumas profissões e carreiras por facilitarem a exemplificação.

Uma última questão: durante o livro eu alterno termos em inglês e português por uma razão muito simples: parte das pessoas já usa um deles no trabalho ou compreende melhor quando digo "*peak performance*", enquanto outros (como eu) preferem "desempenho extremo". Mas não estou escrevendo o livro para mim, e sim para pessoas cujo modo de falar eu não conheço completamente. Por isso, essa variação — que pode incomodar algumas pessoas — é proposital.

Este é um livro escrito para que você entenda um dos tipos de força mais úteis a curto prazo: a *força de impacto*, que também chamaremos de *desempenho extremo*. Uma força que deve ser usada em sua potência máxima para aquelas situações em que a vida exige o máximo de você também.

Porque em situações extremas uma força extrema sempre é necessária. Aqui está ela.

Aprenda como usar essa força de modo dedicado e verdadeiro.

Agora. Já.

Aldo Novak

Entendendo o novo livro de Aldo Novak

Nas próximas páginas, você verá que pode mudar seu mundo completamente, bastando agir com movimentos específicos, como aqueles que Aldo Novak detalha, e alinhado àquilo que realmente quer e acredita.

Tudo acontecerá naturalmente e, muito em breve, sua vida será muito diferente, como mágica. Este livro é um tipo de varinha de condão. Apenas leia-o com a mente aberta e experimente o que Aldo ensina. Uma afirmação ambiciosa, mas quem aplicou o que ele propõe confirma os resultados.

Aldo ajuda você com técnicas, mas também com deliciosas histórias da própria vida.

Sua força interna

Há *coaches* e treinadores esportivos que ajudam os atletas a entrarem em um estado de muitos recursos, chamado de *the zone*, para que possam ser espetaculares.

Mas não há praticamente nada voltado para quem quer usar essa mesma força fora da quadra e do campo em casa, na empresa, nos negócios, nos relacionamentos... enfim, na vida.

Em muitos momentos a *única* força disponível é aquela que existe dentro de nós, porque as outras parecem ter desaparecido.

Quando perdemos algo que consideramos muito importante, como o emprego, a carreira, o casamento, os sonhos ou uma pessoa que amamos, parece surgir um buraco em nossa frente e ficamos tentados a nos jogar nele.

Mulheres que deixam suas casas e seus maridos agressores ou viciados, carregando os filhos no colo e abandonando seus medos, têm dentro delas esse tipo de força. Homens que perdem o sustento de suas famílias de um dia para outro ou jovens que são reprovados em cursos essenciais a seus sonhos também passam por isso. Pessoas que descobrem que têm uma doença terminal (embora a própria vida seja uma) e veem seu futuro ameaçado também conhecem a sensação de que suas forças foram retiradas sem aviso prévio.

Em tais momentos, mesmo que a dor e a confusão estejam dentro de cada pessoa, a força que impulsiona mudanças de vida também está.

Nesse momento, nossa força interna pode nos salvar, exatamente porque é dela que vem todo o nosso sucesso na vida, e com ela nosso corpo tende a obedecer a várias "instruções", como você verá adiante.

Está tudo aqui

Força de impacto, o terceiro livro de Aldo Novak, não é uma panaceia para os males da alma, mas uma espetacular tática a ser usada no momento em que a dor ocorre.

Para momentos seguintes, há outros tipos de força, mas para o momento atual, não há melhor "manual" publicado. Aproveite, pois é um marco na história do desenvolvimento pessoal e certamente será também em sua história de vida.

Leia-o, aplique-o e saia na frente do resto do mundo.

Todas as estratégias fundamentais de que você precisa já estão neste livro. Coloque as táticas em prática imediatamente.

Ao final de cada capítulo, Aldo incluiu formulários de revisão e atividades práticas simples, mas poderosas. A força de impacto é baseada em fundamentos descomplicados e diretos, testados por cientistas de várias partes do mundo. Aldo "dá nome aos bois" e sempre indica suas fontes.

Nosso objetivo é que você obtenha resultados em sua vida. Resultados verdadeiros, alinhados não apenas com o que você é, mas também com aquilo em que você acredita e quer ser.

Fora isso, pouco mais importa. Apenas os resultados.

Antes de começar

Ferramentas de trabalho

Este é um livro prático e focado em resultados imediatos.

Aqui não há espaço para enrolação ou problemas inventados só para vender soluções. Nestas páginas, entramos direto nas soluções para problemas que já estão ao seu redor.

Você precisa somente de três ferramentas para começar a transformar sua vida. Elas existem desde nos castelos mais requintados até nos lares mais simples do mundo, tornando a aplicação do método democrática e eficaz.

São as mesmas ferramentas usadas por Leonardo da Vinci para desenvolver suas criações brilhantes; por William Shakespeare, para escrever suas magníficas peças; por Charles Darwin, para entender como evoluímos no planeta ou por Alberto Santos Dumont para criar e fazer voar um veículo mais pesado que o ar, em 1906, na França.

As ferramentas são:

1. Papel
2. Caneta ou lápis
3. Seu cérebro

Sim, são ferramentas bem simples e, com a possível exceção do terceiro item, bastante comuns.

Tenho certeza de que você já tem a terceira ferramenta. Como sei disso? Porque você está lendo *este* livro, quando há tantos outros para escolher.

Parabéns, você já saiu na frente!

Há diversos formulários nos capítulos adiante, mas você não é obrigado a usá-los. Apenas se desejar multiplicar tudo de bom em sua vida!

Vamos para o primeiro passo: o que você acha de ser cercado por relâmpagos?

1

Relâmpagos e trovões

O sinal de emergência havia sido tocado.

Fui eu quem não deu atenção. Fui arrogante e burro.

Foi então que vieram os relâmpagos. Começaram a cair por toda a floresta. Ao longe. Bem perto. Por toda parte.

Boias começaram a bater nas paredes de um galpão de madeira onde guardávamos os barcos. Pequenos objetos soltos, deixados pelas pessoas que saíram correndo alguns minutos antes, começaram a voar pelo ancoradouro, fazendo parecer que pequenos ciclones estavam me cercando.

Toda a equipe já tinha ido para o salão principal e eu ainda estava a uns dois ou três quilômetros de distância.

Meu coração disparou.

Se eu não estava com medo antes, agora estava.

Naquele dia, descobri o poder da força de impacto.

E nunca mais esqueci.

Está tudo neste capítulo. Bem-vindo aos relâmpagos e trovões.

Cercado por relâmpagos

Devia passar das três horas da tarde quando o vento começou a soprar de um modo estranho.

Estava cerca de dois meses nos Estados Unidos e apenas me lembro de escutar o sino da colônia de férias da ACM[1], pela qual fui contratado para trabalhar por três meses, ser tocado freneticamente dando o sinal de emergência, o som invadindo toda a floresta de North Woods, em Wolfboro, no estado de New Hampshire.

Naquele momento, eu estava próximo ao ancoradouro, onde colocávamos os barcos e veleiros, e perto de onde eu ficava uma vez por semana atuando como salva-vidas para as crianças que frequentavam o acampamento de verão.

Mas todos os barcos estavam cobertos, os veleiros desmontados e ancorados, e a equipe do dia levava as crianças e adolescentes para o salão, onde estariam seguros. Aquilo me fez pensar em alguma história de invasão alienígena ou um filme de guerra, com todos fugindo. Mas fiquei observando e não percebi nada que pudesse estar provocando aquela correria.

Naquele instante, enquanto todos fugiam, eu continuei sentado em um banco de madeira, calmamente tirando fotos na margem do lago Winnipesaukee, sem entender a gravidade da situação nem a correria por todos os lados. Na verdade, para mim aquela cena era muito pacata, e enquanto fotografava, me sentia naqueles romances em que tudo é apenas um belo cartão postal.

Como era meu dia de folga, fiquei como um cachorro perdido, sem entender nada. Ninguém explicou o que se passava e eu não tinha sido treinado para o caso de o sino de emergência tocar *de dia*. Haviam me instruído para emergências durante a noite, como um incêndio na floresta. Mas não era noite e não vi nenhum

[1] http://bostonycamps.org/northwoodscamp/

incêndio, por isso me mantive calmo. Concluí que era alguma simulação.

Não era simulação

Acho que o restante da equipe nem sabia que eu estava lá, porque muitos estavam em seu dia de folga e tinham ido para a cidade.

Só eu fiquei para caminhar e tirar fotos enquanto pensava na vida.

Ainda estava despreocupado, mas ignorância nem sempre é uma benção. Algumas vezes é melhor conhecer bem as razões por trás de algo para saber o que deve ser feito.

Mas eu escolhi a ignorância. E estava sendo arrogante ao não me preocupar, pois aquilo estava prestes a se tornar uma situação das mais perigosas.

O vento continuava a aumentar e soprava com uma força cada vez maior. De qualquer modo, achei que a correria parecia um pouco de exagero. Por isso, embora os ventos continuassem a aumentar, segui com minha câmera, fotografando o ancoradouro como um estrangeiro burro.

Até o momento em que mesmo segurar a câmera começou a ficar difícil. A ventania que atingia North Woods continuava a crescer.

Menos de oito minutos haviam se passado desde o toque do sino. Mas fiquei curioso para saber o que estava acontecendo.

Como eu não estava trabalhando, ninguém me chamou ou explicou formalmente a situação. Mas eu passava por alguns jovens que corriam e eles diziam que "a tempestade" estava chegando. "Tempestade? Tudo isso por causa de uma tempestade?" Sorri e balancei a cabeça.

Tudo isso por causa de uma tempestade?

Achei muito engraçado que eles estivessem correndo desabalados, como se fosse uma emergência real, "só por causa de uma tempestade". Para mim, o máximo que aconteceria era ficar molhado. Então, guardei minha câmera na mochila e pensei em voltar para a área da equipe, ou para o salão.

Acho que eu tinha uns 18 anos na época e pensava que sabia tudo. Estava achando graça de tudo aquilo.

A graça sumiu quando os ventos começaram a aumentar muito, de um jeito que eu jamais tinha visto, exceto em filmes. Menos de 12 minutos depois de o sino ter tocado em sinal de emergência eu já estava *sozinho*, sem ninguém perto do ancoradouro, e os ventos já tornavam difícil, muito difícil, caminhar.

Trovões começaram a soar.

Olhei para o meio do gigantesco lago Winnipesaukee, que mais parecia um oceano, e uma tempestade de nuvens negras se aproximava.

Escutava *o som* da bandeira dos Estados Unidos, tremulando com a força dos ventos, e ela estava a mais de duzentos metros de distância. Jamais tinha *escutado* a bandeira antes. O vento era tão forte que a enorme bandeira parecia estar apanhando de todos os lados.

Foi então que começaram os relâmpagos

Quando olhei para a bandeira com atenção, rasgando em tiras com o vento, entendi que aquela não era uma tempestade comum, mas algo bem maior. Foi então que vieram os relâmpagos. Começaram a cair por toda a floresta. Boias começaram a bater nas paredes de um galpão de madeira onde guardávamos os barcos. Pequenos objetos soltos, deixados pelas pessoas que saíram correndo alguns minutos antes, começaram a voar pelo ancoradouro, fazendo parecer que pequenos ciclones estavam me cercando. Toda a equipe já tinha ido para o salão principal e eu ainda estava a uns dois ou três quilômetros de distância. Meu coração disparou. Se eu não estava com medo antes, agora estava.

Minha arrogância tinha desaparecido.

O vento estava cada vez mais forte e a bandeira ficou completamente em farrapos, pendurada no mastro. Logo depois, o mastro caiu.

"Que burrice", pensei sobre mim mesmo! "Porque não escutei o sinal de emergência!?"

Naquele instante, tirei a sorte grande. Escutei um jipe freando, a uns cem metros, e uma buzina nervosa que disparava em meio aos trovões.

Um dos diretores, Frank Ferraro, estava fazendo a verificação final de segurança para saber se algum idiota — como eu — não tinha atentado para a gravidade da situação. O acampamento de verão era cheio de *checklists* e ele, como principal responsável pela segurança de todos, precisava seguir as instruções, que diziam que era necessário fazer uma verificação final. Ao me ver, ele parou na estrada, gritando para que eu entrasse imediatamente no veículo.

Fui até lá o mais rápido que podia, *sem correr*, pois já tinha escutado que isso poderia atrair algum raio. Eu me sentia como em um filme-catástrofe, fugindo de alguma coisa que nem mesmo sabia o que era.

Entrei e prendi com força o cinto de segurança, enquanto o jipe derrapava em alta velocidade e pulava pela estrada de terra, indo do ancoradouro para o salão onde todos tinham sido reunidos.

Fugindo de jipe

Não tenho a menor ideia do que Frank me disse naqueles segundos — mas tenho certeza de que pensou que eu era um brasileiro tapado, por não ter saído de lá!

Os relâmpagos despencavam nas árvores com um som ensurdecedor. Em pouco menos de trinta segundos, devo ter escutado uns vinte trovões, e o que era ruim piorou. A chuva começou a cair com força, e o poder do vento, dos trovões e dos relâmpagos apenas aumentava.

Frank dirigia o jipe como se estivéssemos fugindo de um dinossauro ameaçador, como no filme *Jurassic Park*. O jipe praticamente voava. Parecia que eu estava no meio de um filme de ação.

O barulho do vento nas árvores e o som ensurdecedor dos trovões era tão alto que eu mal escutava o que Frank gritava. O motor do jipe estava na potência máxima. O som da chuva, a estrada que mal podíamos ver, os pulos que o jipe dava e os relâmpagos, tudo ao mesmo tempo, mantiveram minha mente funcionando a toda.

Eu me agarrava no que podia, sentindo o jipe pular e tremer como se o veículo fosse cair aos pedaços a qualquer segundo, enquanto o limpador de para-brisas tentava jogar um pouco da chuva para longe da nossa visão. Eu já estava me preparando para o caso de tombarmos. Lembro-me de ter segurado minha mochila, com a câmera, e torcido para que ela não quebrasse quando o jipe se acidentasse.

Frank dirigia como se estivéssemos em uma prova de rali. A sorte é que ele já havia passado por aquela estrada milhares de vezes, um motorista novato teria capotado. A estrada de terra era estreita e passávamos por entre árvores que ficavam a menos de um metro da minha porta.

Foi quando o raio caiu

Foi quando um raio atingiu a árvore exatamente do lado da minha janela. Vi o brilho do relâmpago caindo ao meu lado, a "faísca" explodindo e o som ensurdecedor do relâmpago, pouco depois do raio. Até senti a temperatura disparar e meus ouvidos escutaram um "bum", como quando estamos debaixo d'água. Foi uma sensação estranha. Nunca um raio havia caído tão perto de mim. A adrenalina jorrava por meu corpo. Minha mente funcionava em alta velocidade, mas fiquei paralisado, sem saber o que fazer naquela situação.

Frank, por outro lado, não hesitou nem mesmo por um segundo. Apenas olhou a árvore atingida pelo raio e manteve a direção do veículo sem qualquer dúvida, reduzindo e acelerando de acordo com o terreno em que passávamos. Ele olhou pelo retrovisor e sorriu.

Então, fiz o mesmo. Sem o sorriso, porque ainda estava assustado. Pelo retrovisor do carona, pude ver a árvore em chamas onde o raio tinha caído.

Durante aqueles segundos emocionantes, eu pensei: "Onde está a câmera de cinema?" Cada vez mais aquilo parecia um filme de ação... com mais emoção do que eu desejava.

Tudo isso aconteceu em menos de 15 minutos: entre o toque do sino de emergência e nossa chegada em segurança ao ponto mais alto da região. E até hoje, muitos anos depois, a situação está em minha memória.

O poder da força máxima

Esss é a força de algo que é imenso, poderoso e inesperado. Mas não me refiro à tempestade, que não está sob nossa influência.

Esse é o poder de pessoas funcionando com base em desempenho extremo — no caso Frank Ferraro, o diretor de North Woods.

Eu, por outro lado, era apenas um jovem tapado e arrogante, que não deu a menor atenção aos indicadores de perigo e ao sinal de emergência. Foi Frank quem agiu de modo poderoso, impactante e único. Os relâmpagos caiam sem parar, mas ele também estava na velocidade interna de um relâmpago, com a força de um trovão. Ele estava operando em máxima performance com um impressionante desempenho extremo.

Durante a corrida entre o ancoradouro e o salão principal, ainda houve dois momentos nos quais parecia que o próprio jipe havia sido atingido por um raio. Provavelmente foi quase, chegando a chamuscar o veículo, como vimos no dia seguinte. Felizmente, quando um raio cai no carro, os ocupantes não sentem, pois os pneus transferem a energia para o solo.

Nunca fui muito com a cara de Frank. Ele era o nosso chefe principal, mas não tratava a equipe de modo muito gentil. Mas tenho que admitir que sou muito grato a ele por ter ido procurar alguém que não escutou o sinal de emergência. Foi por ele ter tido um desempenho extremo, que aquela lição me ensinou a atentar para todos os sinais.

Nunca mais esqueci aquela tempestade e os momentos de tensão pelos quais passei.

No dia seguinte, a sujeira era total.

Passamos o dia consertando o ancoradouro, o mastro, trocando a bandeira e fazendo tudo voltar ao normal. E hoje, pensando no ocorrido, vejo que Frank Ferraro usou tudo o que ensino neste livro. E repito: *Frank agiu de modo poderoso, impactante e único. Ele estava operando em máxima performance com um impressionante desempenho extremo.*

Ação concentrada e foco

Foi ali que entendi a importância da força de impacto e da necessidade de ação concentrada e foco.

Depois de ler este livro, quando uma tempestade da vida chegar, você saberá como entrar em *peak performance* e dar a resposta na mesma moeda. Você será o senhor das tempestades. De você partirão os relâmpagos e os trovões.

O que faremos a partir de agora é prepará-lo para operar em situações *quase* emergenciais, nas quais você tenha somente trinta minutos, três minutos ou trinta segundos para agir. Aqui você não se compara com ninguém além de si mesmo.

Vou repetir para que você já comece gravando isso com ferro quente em sua mente: **Aqui você não se compara com ninguém mais além de si mesmo.**

Juntos, aprenderemos a utilizar sua energia de modo espetacular, enjaulando e domando o verdadeiro leão que temos dentro de nós e que geralmente aparece apenas em situações de emergência.

Sua vida ganhará a força que imaginamos vir de um trovão e a velocidade de um relâmpago, na hora em que tudo o que importa são os resultados. Com as pessoas que importam para você.

Você terá *a força*. Porque terá desempenho extremo.

É bom saber

Provocando a força de impacto

A força de impacto pode ser *provocada*, eliciada, fazendo com que o "leão" que surge em situações de emergência e que nos fortalece também apareça para nos ajudar quando *não* há uma emergência. Algumas vezes, até mesmo a adrenalina ou a testosterona podem ser o diferencial. A força de impacto é a chave para potencializar seus resultados.

Este é o foco deste livro.

Essa força imediata, conhecida como *peak performance*, que prefiro chamar de *desempenho extremo*, é e sempre foi usada largamente por atletas de todas as modalidades — sejam pilotos de carros como Ayrton Senna e Emerson Fittipaldi, sejam pilotos aéreos, acrobatas de circo, jogadores de futebol como Pelé, paraquedistas, jogadores de basquete como Michael Jordan, ou por artistas como Cher, Madonna, Beyoncé, Kylie Minogue ou Michael Jackson.

Nomes "desconhecidos", como o das crianças Mirosmar e Emival, também fazem parte do panteão dos que usam ou usaram, em algum momento de suas vidas, aquilo que ensino aqui.[2]

Pilotos de teste, astronautas ou praticantes de esportes de aventura também conhecem bem o assunto do qual trato neste livro, assim como executivos, empreendedores, empresários e vendedores.

Lembre-se de que a *peak performance*, ou desempenho extremo, é uma opção de força criada *apenas com sua mente e seu corpo*. Nenhuma droga ou apoio químico de qualquer tipo deve ser usado. No máximo, ajuste sua alimentação, vitaminas e o consumo de água. Se for usada alguma droga, seja qual for, o tiro vai sair pela culatra.

[2] Assista ao filme *2 filhos de Francisco: A história de Zezé de Camargo e Luciano*, belíssimo exemplo de desempenho extremo na infância.

2

Força máxima. Em 120 segundos.

66 pessoas comparecem a uma entrevista de emprego.

Por sorteio, metade delas é levada para uma sala separada na qual fazem posturas de poder, por 120 segundos, e a outra metade faz quase a mesma coisa, mas, ao contrário do primeiro grupo, são colocados em posturas de fraqueza: encolhidas no sofá, lendo revistas antigas ou digitando ao celular.

Coisas que costumamos fazer em salas de espera.

Os dois grupos tiveram, então, 5 minutos para tentar convencer entrevistadores experientes a contratá-los para o emprego dos sonhos.

Ao final, nenhuma das pessoas em posturas enfraquecedoras foi contratada.

Todas as que passaram 120 segundos em posições poderosas foram escolhidas pelos entrevistadores, que não sabiam do experimento.

Como assim?

Está tudo neste capítulo. Os detalhes. As surpresas. As razões.

Leia antes que um concorrente o faça.

Eu tenho a força! E VOCÊ também pode ter.

Se você encontrasse algo neste livro que dobraria o valor investido, se sentiria grato? Este capítulo, sozinho, pode fazer bem mais que isso.

O que você vai aprender agora pode cobrir todo o preço do livro, e multiplicá-lo duzentas ou trezentas vezes, bem como o tempo que você está dedicando a sua leitura. É algo tão poderoso, apesar de simples e rápido, que vai colocá-lo à frente de milhões de concorrentes imediatamente.

Ao final deste capítulo, você estará melhor preparado para:

1. Fazer uma entrevista de emprego e ter um diferencial único;
2. Encontrar-se com o amor da sua vida e transformar o frio no estômago, as palavras balbuciadas e as mãos geladas em uma força tão impactante que você não será mais esquecido;
3. Ficar de frente para um grupo, sala de aula ou palestra e assumir o controle de sua mente e seu corpo[3];
4. Participar de uma atividade esportiva com mais força e velocidade e o melhor desempenho que jamais teve;
5. Negociar com outras pessoas e estabelecer os limites do que quer que esteja sendo discutido;
6. Liderar grupos de trabalho;
7. Apresentar o projeto que pode catapultar seu negócio ou sua vida profissional até patamares inimagináveis;
8. Superar bloqueios irracionais que o impeçam de viver a vida de forma plena;
9. Assumir a liderança em situações nas quais, anteriormente, ficaria congelado;
10. Ter mais foco e força para atividades;

[3] Até uma plateia só precisa de 15 segundos para saber se vai prestar atenção àquela apresentação ou não, segundo a revista americana *INC*.

11. Pensar de modo mais abrangente, analisando rapidamente todas as variáveis cruciais;
12. Gravar um vídeo como se nunca tivesse feito outra coisa durante toda a sua vida;
13. Sentir-se confortável em situações tensas;
14. Tornar-se mais otimista e apto a buscar soluções, em vez de ficar preso aos problemas;
15. Sentir-se mais forte;
16. Arriscar-se mais.

Metas intermediárias ou força de impacto?

Por milhares de anos, enquanto parte dos homens e mulheres em situações tensas desabam, outros, nas mesmas situações, parecem florescer e assumir as rédeas do destino. Alguns de nós escolhem correr mais riscos — que garantem maiores prêmios —, enquanto outros parecem fugir deles.

Há alguns modos de "assumir as rédeas" dos acontecimentos, mas são dois deles que nos interessam: o primeiro é através de preparação constante, com metas intermediárias até alcançarmos o comportamento desejado — técnica que usamos em treinamentos, *coaching* ou em hipnose clínica (embora nesse caso seja tão rápido que até pareça ser um uso da "força de impacto").

É assim em vários esportes e em praticamente todas as profissões. A técnica que usa metas intermediárias é ótima em termos de segurança e permite a repetição de pequenas vitórias constantes e cada vez maiores.

O segundo modo de se preparar é por meio da "força de impacto" — que é o foco deste livro.

Porque existem situações em que só teremos aqueles 2 minutos de preparação, ou menos.

Há 200 mil anos[4], quem hesitava diante de um perigo virava jantar. Hoje, quem hesita demais pode se tornar paciente dos mais diversos médicos ou presa fácil para remédios psiquiátricos cheios de contraindicações. O medo de agir e sair das zonas de conforto ainda nos torna presas de diversas pseudocuras ou falsas crenças que assombram os que gostam de acreditar em fantasias confortáveis, mas perigosas.

Vamos colocar um ponto final nesse problema e entender de onde vem essa força que nos salva. Sim, porque ela parece vir de algum lugar. Mas exatamente de onde? Seriam os deuses do Olimpo os responsáveis? Ou será que é algo mais simples?

O que torna uma pessoa vencedora e outra, vencida? Uma se torna a presa, ainda que tenha boas intenções, enquanto a outra se torna apta a vencer como um predador, mesmo que, da mesma forma que a outra, esteja cheia de boas intenções?

Os gatilhos para testosterona ou cortisol

A diferença entre elas está no modo como o corpo responde bioquimicamente a diferentes situações. E, embora nem todos entendam isso, o corpo — em parte — *responde como a mente acredita que deve responder*. Ou seja, mesmo bloqueios físicos (e seus desbloqueios) podem começar na mente, por meio de gatilhos condicionados devagar ou *instantaneamente*, criando ou acabando com a fraqueza e com doenças emocionais crônicas, assim como com fobias e com traumas.

Mas na verdade a mente é apenas um gatilho. É a bioquímica do corpo que faz toda a magia, em especial a neuroendocrinologia, que avalia dois hormônios chave no processo do poder interior: a testosterona e o cortisol.

[4] Segundo informações do instituto Smithsonian, essa é a data em que começamos a realmente dominar o planeta Terra: http://www.si.edu/.

O gatilho do qual falamos aqui é sempre cerebral, mas a resposta do corpo sempre se dá através de um hormônio.

Por isso, quando uma pessoa tem fé (em qualquer religião, ideia ou no biscoito da sorte de um restaurante chinês), e quando sente qualquer medo (real ou imaginário), ainda assim está apenas disparando um gatilho que, por sua vez, faz o corpo produzir determinado hormônio.

O hormônio do Super-homem e da Mulher Maravilha

Vencedores têm um *disparo de testosterona* — em geral associado aos homens, mas que na verdade está igualmente disponível e acessível às mulheres. Esse hormônio é acionado pelo cérebro em ocasiões específicas. Sempre que surge uma situação que exija da pessoa domínio e controle de desafios, tensão e medos, no esporte ou na vida, esse disparo de testosterona pode ajudar muito.

> *Com a testosterona alta, são ressaltadas qualidades como coragem, foco, força... O corpo da pessoa que já se vê como vencedora dispara uma dose maior de testosterona e ela parte para a ação, salvando seu dia ou o de outras pessoas.*

Quando o seu nível de testosterona dispara, você se torna mais assertivo, confiante, otimista, confortável em situações difíceis, rápido; pensa de modo mais abrangente e abstrato, aceita correr mais riscos calculados e sente-se mais forte.

Equipes de resgate em situações críticas sabem o que é isso. Esportistas também. Geralmente tais pessoas alcançam esse estado através de preparação constante, com metas intermediárias até alcançar o comportamento desejado, como expliquei no início do capítulo.

Mas e quando a pessoa não tem nenhum treinamento por aproximação e mesmo assim se comporta como alguém que foi treinado, por anos, para aquele momento? Existem pessoas assim? Claro. Vemos isso o tempo todo. São os heróis inesperados que entram em ação quando a necessidade surge.

Mas assim como algumas pessoas parecem agir com determinação e foco, com a testosterona invadindo seus corpos mesmo sem treinamento, na mesma situação, outras pessoas sentem um hormônio diferente disparar. Quando a situação tensa surge, o corpo delas não dispara a testosterona, mas sim o *cortisol*.

A kriptonita que pode nos derrubar

O cortisol gera total fraqueza e desânimo, provocando estresse e enfraquecendo nossos desejos, como a kripnonita acaba com o Super-homem. É um projetor de sombras psicológicas que acabam nos derrubando, se permitirmos.

> *Quando o cortisol dispara pelo corpo nos tornamos hesitantes, submissos, inseguros, medrosos, tristes, pessimistas, desconfortáveis, não conseguimos pensar no futuro, sentimo-nos impotentes, paralisados, inibidos, solitários e evitamos quaisquer riscos, mesmo quando um risco específico é o melhor modo de atingirmos a alegria e o sucesso.*

A tensão pré-menstrual gera altos níveis de cortisol, e as mulheres sabem o que isso significa. Após o nascimento do bebê a mãe também pode receber disparos de cortisol (provocando a chamada "depressão pós-parto"). Há outra coisa que gera cortisol: tristeza — toda tristeza — também provoca o disparo de altos índices de cortisol no corpo. Por isso o luto nos deixa totalmente perdidos.

O corpo sempre quer mais do que já tem

Algo importante a se considerar neste ponto é o que chamo de retroalimentação hormonal.

Quanto mais testosterona ou cortisol temos no nosso sistema, mais o corpo produz esses hormônios. *Assim, tanto o cortisol quanto a testosterona potencializam nossa percepção para que vejamos mais razões para produzir esses hormônios.* É como um moto-contínuo.

Na verdade, os níveis de testosterona aumentam em nosso corpo assim que surge a *antecipação da vitória em nossa mente*, ao começarmos um desafio ou vendo o resultado da vitória bem a nossa frente — mesmo que seja apenas imaginação. Mas despencam quando não vencemos ou *quando achamos que não vamos vencer* — criando o que chamamos de *profecia autorrealizável.*

> *Tendemos a agir de acordo com o que acreditamos que acontecerá e, assim, fazemos acontecer aquilo em que acreditamos.*

Dessa forma, a testosterona reforça o comportamento para que possamos sentir mais seus efeitos no cérebro[5].

Por isso, quando você está com a testosterona alta em seu corpo, tudo o que faz tende a gerar mais testosterona. Por outro lado, o cortisol tem o mesmo poder: quando está alto — e você sente aquela tristeza, desânimo e fraqueza —, tudo parece contribuir para você ficar ainda mais triste e fraco.

Pessoas presas em qualquer tipo de ciclo de pensamento sobre perda, tristeza e fracasso precisam de um sistema que evite a produção mais cortisol. O mesmo serve para pessoas que tiveram pensamentos suicidas. Aquilo que serviu de gatilho para os pensamentos originais é apenas isso... um gatilho.

---

[5] Booth, Shelley, Mazur, Tharp, & Kittok, 1989, e Mehta & Josephs, 2006.

É essencial mudar os gatilhos para que o sistema seja inundado por bioquímica positiva, que por sua vez vai gerar mais bioquímica positiva. Por isso, quando uma pessoa cai na armadilha das drogas, dos remédios "tarja preta" para a mente, ou da depressão, não adianta achar que basta ter força de vontade. Todos os que a cercam são parte de um sistema que causou aquilo. Todos precisam mudar. O sistema deve mudar. Os gatilhos devem mudar.

Quando as incertezas vencem as batalhas em nossa mente, o cortisol dispara a tensão, o medo e a rispidez. Nesses momentos, as pessoas olham para seus medos e começam a se perguntar "por que eu?", "há algo misterioso acontecendo?", "será algo que fiz em outras vidas?", "isso é punição?".

Nossa mente se torna presa fácil para qualquer um que ofereça uma resposta para essas perguntas, mesmo que falsa. Se vier na forma de um remédio ou crença, isso se torna ainda mais perigoso, pois tendemos a pegar o caminho mais fácil *agora*, o que pode derrubar nosso futuro, *lá na frente*.

> *Não estou dizendo que a testosterona é o hormônio bom e o cortisol, o mau. Ambos são necessários. Até mesmo água pura, em excesso, pode nos matar. Por isso, é bom equilibrar a balança sempre. Mas, como o cortisol pode começar a ser produzido só por assistirmos ao telejornal, ou por recebermos uma frase torta de um familiar, colega, cliente ou cônjuge, então em geral o que necessitamos nesse momento é a testosterona. Ela pode não aparecer automaticamente e depende de uma ação específica — que vou ensinar aqui.*

Como você pode ver, se pudéssemos fazer nossa testosterona disparar e o cortisol despencar de maneira natural, instantânea e gratuita, seria um ótimo primeiro passo em situações críticas de interação social, nas quais gatilhos poderosos podem ser acionados.

A descoberta que pegou cientistas de surpresa, e as novas peças no quebra-cabeças

Em um estudo divulgado em 2003,[6] uma descoberta chamou a atenção de vários especialistas.

Embora feita com animais, pesquisas posteriores mostraram que o mesmo ocorre com os seres humanos. Pesquisadores detectaram que todo líder "alfa" *positivo e otimista* tem altas doses de testosterona e baixas de cortisol. Além disso, reagem melhor aos chamados "estressores",[7] fatos que ocorrem no dia a dia ou em situações desafiadoras da vida, e que geram estresse. Lembre que testosterona e cortisol são hormônios, substâncias muito poderosas em nosso corpo.

Por outro lado, a pesquisa detectou que pessoas que se viam como perdedoras ou "não vitoriosas", tristes e negativas, mostravam baixas doses de testosterona e altas doses de cortisol, além de reagirem muito mal aos mesmos estressores. O que era de se esperar.

A fórmula do ditador

Também foi descoberta a "fórmula do ditador": *alta testosterona e alto cortisol*. Sim: ter os dois hormônios altos ao mesmo tempo pode incitar comportamentos péssimos, típicos dos vilões da literatura, cinema e tevê.

> *Ocorre que o cortisol leva-nos para o "lado sombrio da força", nos deixando ressentidos, negativos, grosseiros. Mas a testosterona alta nos torna audaciosos, rápidos e precisos. Junte as duas coisas e você terá um Darth Vader ou qual-*

[6] Abbott et al., 2003; Coe, Mendoza, & Levine, 1979; Sapolsky, Alberts, & Altmann, 1997.

[7] Um estressor pode ser uma conversa conflituosa com um familiar ou colega de trabalho, uma notícia negativa em sua vida pessoal ou profissional, ou até um pensamento causado por alguma dificuldade vivida.

> *quer ditador do gênero, que não hesita em jogar milhões de pessoas em uma guerra apenas para se manter no poder. Não se engane: fúria é apenas outro nome do medo, e medo gera e é gerado pelo cortisol.*

Mas também foi percebido um fato intrigante, que tem relação direta com este capítulo: quando um animal "não líder" era obrigado em um teste a assumir a posição de líder no grupo, fosse em uma matilha de cães ou em um bando de macacos, a medição dos níveis de cortisol e testosterona antes da mudança de posição e algumas semanas depois trazia um resultado surpreendente. A comparação mostrava que o nível de cortisol havia despencado e o de testosterona, disparado.

O mesmo ocorre conosco, humanos. Quando o nível de cortisol e de testosterona de pessoas obrigadas a assumir papel de líderes era testado, os hormônios se reajustavam.

Os hormônios produzem líderes ou líderes produzem hormônios?

Vou repetir isso para que fique bem claro: quando os pesquisadores testavam os níveis de testosterona e cortisol de antes de a pessoa assumir o "papel" de líder e depois, o resultado era: o cortisol havia despencado e a testosterona, disparado. Isso tornava a pessoa um líder melhor, e funcionava igualmente em homens e mulheres.

Mas como? O que havia mudado? Será que outro fator fazia a testosterona disparar e o cortisol despencar? Ou estaria tudo na mente das pessoas?

Haveria uma "deusa da vitória", Nike, como talvez acreditassem os romanos antigos, que já tinham Vênus, a deusa da beleza, Baco, do vinho e das festas, e Minerva, deusa da sabedoria?

A pesquisa demonstrou algo bem mais simples e interessante: a única coisa que realmente mudou na vida daqueles novos líderes era que eles *passaram a comportar-se* como líderes. Só isso.

> *Ao agir como um líder, o corpo começava a ajustar-se à nova condição, eliminando o cortisol e trocando-o por testosterona.*

Eles andavam como líderes, falavam como líderes, liam o que os líderes liam e estavam cercados de pessoas que os tratavam como líderes, o que fazia com que continuassem se comportando como líderes. Seus amigos e colegas os viam como líderes. Essa retroalimentação de crenças e novas percepções estavam fazendo o corpo deles mudar os hormônios aos quais recorriam quando surgia uma nova situação.

É como uma criança: se constantemente elogiada pelos pais, passa a acreditar que é realmente especial e a comportar-se dessa forma; se sempre lembrada pelos pais de seus erros, igualmente começa a acreditar na sua inferioridade e a se comportar de forma a confirmar aquilo em que acredita.[8]

Fazer de conta e agir como líder estava tornando aquelas pessoas líderes de verdade, pelo menos bioquimicamente. Assim, elas tornavam-se mais corajosas, focadas, fortes, assertivas, confiantes, otimistas, alegres, confortáveis e aptas a pensar de modo mais abrangente e abstrato. Aprendiam melhor e mais rápido que os outros.

Tornavam-se o que esperavam que estivessem se tornando.

[8] Note que as crianças podem adotar as crenças dos pais ou rebelar-se contra elas. Portanto, elogiar sem fundamento pode fazer a criança rapidamente concluir que a verdade é contrária ao que dizem os pais. Isso explica filhos se comportando de forma tão diferente, ainda que com "a mesma" educação.

A velocidade da mente para avaliar e prever

Outra peça essencial para o nosso quebra-cabeças veio da Universidade de Princeton.

Alex Todorov fez um estudo que provou que nossa mente leva apenas um segundo para avaliar as pessoas que queremos contratar, convidar para um encontro romântico ou até votar.

Na verdade, o estudo mostrou que podemos prever, com 70% de precisão, quais candidatos políticos serão eleitos para o congresso ou para os governos estaduais, nos Estados Unidos, apenas olhando os rostos dos candidatos por um segundo. *Um segundo.*

Isso mostra que conseguimos prever rapidamente o que outros são capazes de fazer, apenas com um olhar em um segundo. Mas o mais curioso é que levamos o mesmo tempo para decidir o que *nós* somos capazes de fazer, apenas observando nossas posturas, expressões e movimentos.

Riskind e Gotay, que já tinham publicado os resultados de outra pesquisa em 1982, provaram que posições depressivas atraem tristeza — olhar para o chão, encolher os ombros, falar "para dentro" e fazer de conta que estamos tristes.[9] Isso acontece porque avaliamos que estamos parecendo tristes (em menos de um segundo) e os hormônios, como o cortisol, imediatamente surgem para que realmente sintamos isso.

Jogando os braços para cima

A doutora Jessica L. Tracy, professora associada do departamento de psicologia da Universidade de British Columbia, também forneceu uma peça importante. Ela provou que mesmo pessoas cegas desde o nascimento, quando conseguem uma vitória nos es-

[9] Riskind & Gotay, 1982.

portes, levantam os braços e sorriem, mesmo sem nunca terem visto outras pessoas fazendo isso (afinal, são cegas de nascença).[10]

Outro fator descoberto em uma pesquisa diferente[11], mostrou que, quando uma pessoa sorri "sem obstruções", isto é, quando abre aquele sorriso que chamamos "de orelha a orelha", a bioquímica do corpo induz o corpo a ficar mais alegre, contente e orgulhoso de uma realização. Independente do que esteja realmente acontecendo, a bioquímica do corpo pressupõe que, se estamos sorrindo, deve haver um motivo.

Por isso sorrir gera endorfinas e serotoninas.[12]

Então, o movimento de levantar as mãos e sorrir deve ser instintivo, provocado bioquimicamente quando temos uma vitória, em vez de um comportamento aprendido. Na verdade, *não sorrir é que é um comportamento aprendido*. Infelizmente, em algumas famílias e empresas sorrir é quase um crime. Mas, no estado natural, sempre sorrimos e, quando algo muito bom acontece, tendemos a levantar os braços em comemoração.

Não somos somente nós, os humanos, que fazemos isso. Chimpanzés e gorilas também. Você é do tempo em que Johnny Weissmuller fazia sucesso com Tarzan? Caso seja, talvez se lembre da macaca Chita que, quando estava alegre, jogava os braços para cima e sorria!

Toda vez que recebemos um jato de testosterona no corpo (como depois de uma vitória nos esportes), levantamos as mãos e sorrimos. Quando tudo dá certo, é o que fazemos.

---

[10] Doctor Jessica L. Tracy, Associate Professor, *Department of Psychology, University of British Columbia.*

[11] For example, unobtrusive contraction of the "smile muscle" (i. e. , the zygomaticus major) increases enjoyment (Strack, Martin, Stepper, 1988), the head tilting upward induces pride (Stepper & Strack, 1993).

[12] Amir S. Z. Brown e Z. Amit, *The role of endorphins in stress: evidence and speculations, Neuroscience and Biobehavioral Review*; vol 4, 1980.

E o contrário funcionaria?

Foi avaliando essas pesquisas que surgiu a seguinte pergunta: se os hormônios causam devidas sensações em nosso corpo e nos fazem assumir naturalmente certas posições e atitudes como sorrir, seria possível inverter o cenário? Será que se colocássemos nossos corpos em certas posições e sorríssemos de certo modo isso faria com que esses hormônios fossem disparados e sentíssemos as emoções correspondentes — mesmo sem motivo real para isso?

Assim, em vez de esperarmos para sentir a vitória depois de conquistada, será que poderíamos inverter o processo, ficando mais fortes, preparados e aptos aos desafios simplesmente fingindo, atuando a vitória em nossa mente, como em um teatro no qual sempre somos os vencedores?

Será que a sensação de força e poder poderia ser induzida, bastando repetir aquelas ações mesmo quando não nos sentimos fortes e poderosos?

Por fim, nosso corpo acreditaria que tudo vai dar certo quando, antes de encararmos o desafio, levantássemos os braços e sorríssemos, como se já tivéssemos vencido, aumentando assim a sensação de poder, mesmo que "ilógica", ridícula e irracional?

Sentir que estamos poderosos amplifica nosso acesso aos recursos do cérebro e potencializa o funcionamento da mente, multiplicando nossa capacidade cognitiva. Isso foi provado em 2008.[13] Então, se um processo assim funcionasse, poderia mudar o destino de muitas pessoas.

Mas o melhor ainda estava por vir.

---

[13] Smith, Jostmann, Galinsky, & van Dijk, 2008.

É bom lembrar

Posso ter desempenho extremo sempre?

Não.

Imagine uma corrida de Fórmula 1, ou Fórmula Indy.

Aqueles carros podem chegar a velocidades altíssimas e obter um desempenho impressionante. Mas nenhum carro — absolutamente nenhum — permanece em velocidade máxima o tempo todo. Desempenho extremo é "guardado" para situações extremas.

Na maior parte do tempo, um piloto de corrida mantém alta performance (até porque, se não tivesse alta performance, nem estaria lá), mas deixa para atingir a velocidade máxima, desempenho extremo, em momentos muito específicos da prova.

Pessoas que tentam usar desempenho extremo todos os dias desenvolvem "fadiga de material" — que nós, humanos, chamamos de estresse, uma palavra vinda, ironicamente, da engenharia de materiais —que pode acarretar diversos problemas de saúde, físicos e mentais, além de diminuir nosso tempo e qualidade de vida.

Além disso, se quebramos, não temos um substituto. Então, não quebre. Ter alta performance pode ser bom, mas ter desempenho extremo o tempo todo não é.

Você não é um robô.

Para confirmar a hipótese científica

Para confirmar ou refutar a ideia de que "pensar como vencedor" ajudaria as pessoas a se tornarem vencedoras, nas universidades de Harvard, Berkeley e Columbia, as pesquisadoras Amy Cuddy e Dana Carney fizeram algumas experiências interessantes buscando esclarecer se as pessoas mudariam seus comportamentos imediatamente, sem nenhuma instrução ou preparação especial, bastando fazer algumas posições por alguns segundos, e — mais importante — se essas posturas mudariam também os *resultados, assim como o comportamento.*

> *Mudanças internas que não se refletem em resultados podem causar desapontamento. Por isso, a grande pergunta era se essas mudanças externas realmente seriam capazes de alterar resultados. Porque, quando alteramos resultados, alteramos não apenas a percepção da realidade, mas a realidade em si. E isso é o que buscamos em nossa vida.*
>
> *Será que essas pessoas estariam mais dispostas a arriscar, como fazem os líderes? Será que se sentiriam mais confortáveis em situações difíceis? Será que seria possível aumentar a testosterona e diminuir o cortisol de alguém só por meio de posturas de poder? E, portanto, transformar vidas, tornando-as melhores, ensinando as pessoas a agir de modo diferente em situações essenciais?*

Além da confirmação científica buscada por Amy Cuddy e Dana Carney, as universidades também queriam saber se essa fórmula poderia ser ensinada às pessoas e quanto tempo seria necessário para que alguém pudesse fazer disparar seu índice de testosterona e despencar o de cortisol. Será que agir como um vencedor seria mesmo capaz de mudar seus hormônios? E quanto tempo seria necessário para fazer tais índices bioquímicos mudarem? Três meses? Trinta dias? Três horas?

Se funcionasse, pensavam as pesquisadoras, essas *posturas de poder* poderiam ser usadas sempre que as pessoas estivessem prestes a enfrentar algo importante. Além disso, por serem ferramentas gratuitas e simples, poderiam ser adotadas por quase todas as pessoas.

Os experimentos

Alguns experimentos foram feitos para descobrir se isso seria possível. O resultado de um deles foi publicado em setembro de 2010 e o segundo, em agosto de 2012. O primeiro experimento tinha por meta descobrir se uma pessoa poderia ficar mais disposta a correr riscos — comportamento essencial para quem deseja mudanças positivas na vida — e o objetivo do segundo era descobrir se ela desenvolveria comportamento mais confortável em situações difíceis e estressantes, como uma entrevista de emprego, um almoço em família, uma reunião na empresa ou um encontro romântico. Em ambos os casos também foram medidos os níveis de testosterona e cortisol.

A teoria dizia que, mantendo duas posturas durante sessenta segundos cada, o nível de testosterona no corpo dos participantes aumentaria e o nível de cortisol diminuiria, impactando positivamente seu comportamento e, portanto, os resultados.

Correndo riscos

Amy Cuddy, Dana Carney e sua equipe[14] primeiro, fizeram um teste com um grupo de 42 pessoas (16 mulheres e 26 homens). No primeiro teste, elas queriam saber se esses adultos desenvolveriam maior tolerância ao risco e à incerteza em poucos segundos, sem necessidade de qualquer instrução. Isso é importante porque uma pessoa que é líder na própria vida ou na dos outros precisa aceitar a incerteza e os riscos para crescer. Quem foge de todos os riscos apenas vê sua vida afundar.

[14] Amy J.C. Cuddy, Andy J. Yap, and Dana R. Carney — Columbia University e Harvard University.

Também realizaram um pré-teste com 95 pessoas, para calibrar o experimento, e com 15 outras para avaliar o conforto de cada posição.

> *Todos tiveram que dar amostras de saliva antes de serem separados em grupos, e todas foram enviadas para análise, com o objetivo de verificar os níveis de testosterona e cortisol antes do início do experimento.*

Os participantes não podiam saber sobre o que era a pesquisa, pois isto poderia influenciar os resultados, então foram informados de que aquela era uma pesquisa sobre "o funcionamento de um eletrocardiógrafo se a pessoa estivesse em uma posição não usual". Claro que isso não era verdade e foi apenas uma desculpa para os participantes do teste não saberem do que se tratava.

Um técnico colocou em cada um dos participantes os sensores de um eletrocardiógrafo para que eles acreditassem que este era o objetivo do teste. Ao acaso, colocou metade do grupo em posturas de fraqueza (ombros caídos, corpo encolhido e posições "fechadas") enquanto a outra metade foi colocada em posições de força (mãos atrás da cabeça e pés em cima da mesa, como um milionário de Hollywood, mãos na mesa como um chefe, conhecidas como posições "abertas"), enquanto fingia que fazia leitura dos aparelhos.[15] Depois, disse que precisava ir até outra sala e o participante ficou sozinho, sendo gravado em vídeo para que o experimento pudesse ser verificado depois.

Eram apenas duas posturas para cada um. Eles não sabiam, mas estavam fazendo posturas de poder ou de fraqueza. Na teoria, isso deveria mudar seus hormônios e seu comportamento. Será?

---

[15] As "posturas de poder", assim como as "posturas de fraqueza" escolhidas foram selecionadas dentre sugestões sobre "o que é uma postura poderosa?". As que mais se repetiam, independente do fator cultural e educacional associados, foram as escolhidas.

Depois de ficarem 120 segundos nessas posições, tinham que fazer um pequeno teste. Cada um recebeu dois dólares e ouviram que podiam "ficar com o dinheiro" (uma decisão segura) ou jogar um dado e arriscar perder tudo ou ganhar o dobro (uma aposta arriscada, mas pelo menos o valor era baixo). Cada participante também teve que dar notas de 1 até 4, dizendo se sentiam-se "poderosos" e "no comando", sendo 1 "sem nenhum poder" e 4 "muito poderosos".

Os resultados

Os resultados comportamentais desse primeiro experimento foram impressionantes. Dos participantes que fizeram as posturas de poder, 86,36% arriscou dobrar o valor, pois seu foco estava no prêmio que poderiam ganhar jogando o dado, enquanto dos que fizeram posturas enfraquecedoras, apenas 60% arriscou (e 40% classificou a si mesmo como avesso a riscos), porque seu foco estava na dor da perda. Além disso, quem fez as posturas de poder sentia-se duas vezes mais no controle de suas vidas.

Apenas dois minutos e o cérebro dos participantes foi reconfigurado *sem absolutamente nenhuma instrução.*

O estudo, intitulado "The Benefit of Power Posing BEFORE a High-Stakes Social Evaluation",[16] ou em tradução livre "Os benefícios das posturas de poder ANTES de uma avaliação social importante", foi publicado a partir dos resultados surpreendentes dessas pesquisas.

[16] Testosterone rises in anticipation of a competition and as a result of a win, but drops following a defeat (e.g., Booth, Shelley, Mazur, Tharp, & Kittok, 1989).

Procurando emprego

A segunda parte do experimento aconteceu com um grupo de 66 pessoas.

Quarenta eram mulheres e 26 eram homens. O experimento foi realizado pelas pesquisadoras Amy J. C. Cuddy e Caroline A. Wilmuth, para Harvard, e Dana R. Carney, em Berkeley.

O objetivo não era saber se as pessoas arriscariam mais, porque o experimento anterior havia provado que sim. Agora o objetivo era descobrir se *os resultados* da mudança de comportamento após as posturas de poder por 120 segundos poderiam ter impacto mesmo sem nenhum outro treinamento ou preparação.

O experimento

Todas as 66 pessoas chegaram no horário combinado e foram levadas para uma sala. Uma pesquisadora ia, então, até cada candidato para retirar a amostra de saliva, que seria enviada a um laboratório assim como no teste anterior. Colocava em um tubo com o nome do candidato e enviava para análise de testosterona e corti sol. Todos os participantes tiveram a saliva coletada para análise da mesma forma que já havia sido feito antes.[17]

Afundando na poltrona — a fragilidade das posturas introvertidas

Os pesquisadores destacaram que, em uma entrevista de emprego, "muitas pessoas afundam em suas cadeiras ou em sofás enquanto esperam, encolhendo-se, digitando ao celular e adotando posturas não verbais de fraqueza e introversão, que fazem com

[17] Para verificar os procedimentos usados e o laboratório que avaliou as amostras, leia o artigo original: *The Benefit of Power Posing BEFORE a High-Stakes Social Evaluation.*

que elas se sintam ainda mais fracas quando serão avaliadas em um emprego". Aliás, sempre que nos sentimos à mercê de outras pessoas, adotamos posturas introvertidas. Então, os pesquisadores pensaram: "e se as pessoas fizessem o contrário — se espreguiçado, ocupando mais espaço e agindo como campeões —, o que aconteceria?".

Nenhuma das 66 pessoas sabia do que realmente se tratava o experimento. Fariam certas poses durante 60 segundos, e depois teriam cinco minutos para preparar uma apresentação sobre si mesmas para selecionadores oferecendo o emprego dos sonhos dos candidatos. Elas também não sabiam disso ainda.

120 segundos

Metade do grupo, escolhida por sorteio, passou pelo "treinamento dos 120 segundos *de força*", que basicamente consistia em ficar sozinho em uma sala e fazer uma postura poderosa com o corpo pelo intervalo de 60 segundos e, em seguida, outra postura por mais 60 segundos.

A outra metade passou pelo "treinamento dos 120 segundos *de fraqueza*", que basicamente consistia em ficar em uma postura introvertida, como quando estamos nos sentindo tímidos e acuados, ou quando nos encolhemos no sofá de uma recepção, lendo revistas antigas, escrevendo no tablet ou no celular, digitando mensagens de texto ou pensando no quanto somos frágeis e dependentes. Tudo isso aumenta a produção de cortisol que, por sua vez, provoca sentimentos que aumentam ainda mais o cortisol. Mas isso ainda era só teoria.

Não foi explicado a nenhum deles o objetivo desse experimento e nem foram usadas expressões como "posição de força" ou "posição de fraqueza".

De volta à sala para a qual cada candidato havia sido *aleatoriamente* escolhido para fazer posturas fortalecedoras ou enfraquecedoras, os candidatos tiveram outra "missão": em cinco minutos, teriam que se preparar e se apresentar diante de dois selecionadores oferecendo "o emprego dos sonhos" de cada um, que teria outros cinco minutos para convencer os entrevistadores de que era a pessoa ideal para o emprego. Nem um segundo a mais.

Um entrevistador quase robótico

Uma característica importante do experimento era que os entrevistadores haviam sido treinados para não dar nenhum *feedback* aos entrevistados.

Não podiam balançar a cabeça concordando — ou discordando — de nada, não podiam sorrir, franzir a testa ou levantar as sobrancelhas nem mudar o tom de voz. Em outras palavras, não importava o que dizia o candidato, nenhuma retroalimentação positiva ou negativa era permitida.

Imagine você, tenso, indo a uma entrevista de emprego, e percebe que o entrevistador não dá absolutamente nenhum *feedback*, nenhuma pista se suas palavras e ideias estão sendo bem ou mal recebidas. Nenhuma simpatia. Nenhuma antipatia. As apresentações avançavam e os entrevistadores simplesmente faziam um segundo de silêncio e avançavam, como robôs!

Os candidatos logo sentiam-se desconfortáveis e confusos, e o nível de estresse aumentava. Os que já estavam se portando de modo introvertido pareciam ainda mais fragilizados.

Todas as entrevistas estavam sendo gravadas.

Lembrete

Como sei se estou em alta performance ou *peak performance*?

Se você acha que está tendo desempenho extremo, então é o que está acontecendo. Mesmo que alguém possa achar seu desempenho medíocre comparado ao de outras pessoas.

Desempenho extremo é sempre avaliado baseado na comparação com seus próprios resultados e é sempre aquilo que *você* considera desempenho extremo. Quando você concentra toda a sua energia, foco, comprometimento em algo, enfim, quando aposta tudo, e sente-se extenuado em seguida, então seu desempenho foi extremo.

Para algumas pessoas que sobem ao palco, desempenho extremo pode ser fazer uma apresentação impecável que faz todo o público vibrar. Para outras, pode ser não gaguejar. Mas ambas sairão do palco suando e cansadas.

Os selecionadores

Como todos os participantes haviam sido filmados, o próximo passo foi enviar os vídeos de todas as entrevistas para selecionadores reais que não haviam sido informados sobre o experimento. Os vídeos foram misturados e exibidos em uma ordem aleatória.

O que os selecionadores sabiam é que deviam, apenas baseados nos vídeos, escolher quais candidatos gostariam de contratar, além de responder a um questionário sobre diversos aspectos de cada apresentação. O questionário foi feito para evitar escolhas baseadas em simpatias, preconceitos ou outros aspectos que não seriam considerados na vida real.

E foi o que fizeram.

Sabe quantos dos candidatos que fizeram as posturas poderosas por 120 segundos foram escolhidos? *Todos*. Sabe quantos dos candidatos que ficaram curvados como se estivessem mandando mensagens de textos e *não fizeram* as posturas poderosas foram escolhidos? *Nenhum*.

A equipe das universidades ficou impressionada com os resultados, e Amy Cuddy deu uma conferência TED sobre o assunto em junho de 2012, em que ela disse que os selecionadores foram claros: "Queremos todos esses" (os que fizeram as posturas poderosas), e "Não queremos nenhum desses", (os que fizeram as posturas enfraquecedoras).

A parte mais curiosa foi que, quando os pesquisadores pediram para que os selecionadores explicassem por que haviam contratado algumas pessoas e não outras, eles não souberam explicar. Apenas respondiam nos questionários que tinham achado algumas pessoas mais "confiantes, alegres, simpáticas, confortáveis com a situação, assertivas" e... bem... "gostei mais deste ou desta", e outras respostas vagas que não explicitavam os motivos reais. Apenas uma "sensação geral" de que aquela pessoa era mais adequada para a vaga.

Eles tinham sido escolhidos por motivos tão sutis que nem podiam ser definidos com clareza.

E tudo porque tinham passado 120 segundos fazendo uma pose vitoriosa, longe de todo mundo, e porque os que tinham feitos as posturas enfraquecedoras, por alguma razão, não tinham mostrado todo o seu potencial. Fácil demais? Então comece a fazer isso hoje.

Lembrete

Se manter desempenho extremo pode ser prejudicial, como, então, posso transformar desempenho extremo em alta performance?

De grão em grão.

Ter desempenho extremo continuamente pode ser mesmo péssimo, pois o desgaste de materiais pode levar ao desastre. Motoristas que insistem em trabalhar por mais horas do que o necessário e não dormem acabam causando acidentes fatais nas estradas.

A palavra-chave aqui é "continuamente".

Você não deve ter desempenho extremo continuamente, mas pode ter desempenho extremo regularmente. Isso é muito diferente. Significa que você foi ao topo, voltou, descansou, recuperou suas forças, relaxou, se alimentou, treinou, analisou seu desempenho anterior e só depois repetiu a operação.

Então, quando você atinge desempenho extremo regularmente, você descobre que algo incrível aconteceu: seu ponto médio de desempenho subiu! Isto é, você já pode ser comparado a outros, porque está melhorando todos os dias. Se você continuar a tentar o máximo desempenho regularmente, seu ponto médio continuará a subir regularmente, até que as outras pessoas começarão a vê-lo como alguém de alta performance. Sua média terá subido sem parar.

Em alguns casos, sua performance média subirá tanto que as pessoas pensarão que você está em *peak performance* — desempenho extremo — porque elas acreditam que jamais conseguiriam chegar onde você chegou, exceto se elas estivessem em desempenho extremo. Entretanto, pode ser que esta seja apenas sua nova média que, comparada às outras, é uma alta performance.

Apenas tome cuidado para não exagerar.

Desempenho extremo contínuo é péssimo. A diferença, como expliquei, é que você precisa voltar do topo da montanha, descansar, recuperar suas forças, relaxar, se alimentar, treinar, analisar seu desempenho anterior e só depois subir a montanha novamente.

É assim que nós, humanos, vamos nos tornando seres de alta performance.

Os exames bioquímicos

Os resultados foram mesmo espetaculares, mas ainda faltava uma confirmação final. Será que a testosterona havia mesmo subido naqueles candidatos que fizeram as posturas poderosas e caído nos que fizeram as posturas enfraquecedoras?

Algumas semanas depois, o laboratório entregou os resultados dos exames de saliva de todos os candidatos.

Você quer saber os resultados?

Quando as pesquisadoras viram as análises dos testes de saliva ficou claro que aqueles que fizeram as posturas de poder ganharam uma vantagem desproporcional sobre os que fizeram as posturas de fraqueza no nível hormonal.

A testosterona de quem fez as posturas poderosas por apenas 120 segundos subiu, *em média, 20%*. E quem fez posturas enfraquecedoras teve seus níveis de testosterona *caindo 10%*. Isso significa que *havia 30% de diferença entre uma pessoa e outra*, apenas por conta de 120 segundos em uma posição de poder!

> *Em uma corrida de cavalos, ou qualquer competição, uma diferença de menos de um segundo pode significar alguns milhões de dólares a mais ou a menos.*
>
> *Na vida real, estar 1% à frente pode ser a diferença entre uma vida espetacular ou apenas mediana. Imagine 30%!*

E quanto ao cortisol? Quem fez as posturas poderosas *derrubou o cortisol em 25%*, enquanto quem fez posturas enfraquecedoras teve um *aumento de 15% no cortisol*. Uma *diferença de 40% entre os índices*.

> *Agora a diferença ficou arrasadora. Se a testosterona já tinha dado 30% de vantagem para quem fez a postura poderosa, no cortisol a vantagem é de 40%, porque, quanto mais cortisol, mais atrito. Ter menos cortisol, neste caso, é uma vantagem desproporcional e matadora.*

Essa vantagem parece injusta e dá superioridade quase ilegal para quem passa só 120 segundos trancado no banheiro antes de enfrentar um momento crítico.

Quarenta por cento é uma dianteira que muitos chamariam de indevida e desleal, em qualquer área da vida. Só que de indevido não tem nada, porque todos os testes mostraram que a pessoa tem um disparo de testosterona e uma queda de cortisol *a partir do próprio nível atual* — chamado cientificamente de "testosterona base" e "cortisol base". Portanto, para igualar as chances, basta que as duas pessoas competindo façam as posturas.

Ou seja, se o outro lado estiver tentando conquistar o amor da sua vida ou a vaga daquele emprego para o qual você se preparou a vida toda, é melhor você usar essa estratégia porque, se o outro lado usar...

Imagine o que isso significa em um embate direto entre duas pessoas "iguais" quando uma delas faz uma postura poderosa!

Hora de aprender

Havia diversas posturas no experimento, mas aqui vamos focar em duas que são simples de entender, para que você possa usar assim que terminar de ler este capítulo: a postura do "campeão dos esportes" e a postura da "mulher-maravilha".

Mãos ao alto! Você é vencedor!

A postura do campeão dos esportes é aquela em que você joga os braços para cima, fazendo um grande "V de vitória", como se tivesse acabado de vencer uma corrida ou prova de natação e sorri, de orelha à orelha. Separe os dedos da mão e estique os músculos.

Se você não estiver em público, faça isso agora para entender a postura.

Levante-se, abra as pernas, sentindo seus pés tocando solidamente o chão, e estique os braços para o alto, com força, fazendo de seu corpo um enorme "X". Abra um sorriso. "Peito para fora, barriga para dentro!" Espreguice. Faça isso por apenas 60 segundos.

Conte mentalmente: um... dois...três...até sessenta.

Imagine que acabou de vencer uma competição esportiva. Imagine o público aplaudindo. Você VENCEU! Isso vai ajudar.

Mulher-maravilha... ou Super-homem

Ao final de apenas sessenta segundos, passe para a postura da Mulher-maravilha (que é igual à postura do Super-homem).

Ainda com as pernas afastadas e o peito estufado, coloque as mãos na cintura, com os punhos fechados, em uma postura de força e independência. "Peito para fora, barriga para dentro!" Sorria. Faça isso por mais sessenta segundos.

Conte mentalmente: um... dois... três...até sessenta.

São posturas que você pode praticar agora mesmo, em qualquer lugar com privacidade, como seu quarto, sala, banheiro, ou atrás das cortinas do palco.

Pronto.

Agora relaxe e você está pronto para fazer algo espetacular.

É muito fácil. Esse é o perigo

Lembre-se de que, exatamente por serem fáceis de fazer, a maior parte das pessoas nunca fará essas posturas, deixando a liderança para você. Como dizia Jim Rhon, o que é fácil de fazer também é fácil de não fazer.

Revisão

AGORA É SUA VEZ

Com o que você leu até aqui, responda:
Qual a "fórmula do ditador", do ponto de vista hormonal?

Quando me sinto triste e aquele sentimento que parece depressão tenta me pegar, qual hormônio deve estar sendo produzido em meu corpo? Qual não está?

Quais atividades corriqueiras podem me fazer produzir cortisol sem que eu nem mesmo note?

Nos experimentos descritos neste capítulo, qual foi a diferença hormonal entre quem fez as posturas poderosas e as posturas enfraquecedoras por 120 segundos?

Posturas poderosas		**Posturas enfraquecedoras**	
Testosterona subiu		Testosterona caiu	
Cortisol caiu		Cortisol subiu	

Vale a pena, na sua opinião, adotar as posturas poderosas? Por quê?

É bom saber

Peak performance, ou desempenho extremo, não acontece o tempo todo

Nenhum automóvel cujo velocímetro pode atingir 200 quilômetros por hora roda a essa velocidade o dia inteiro. Seu desempenho extremo é usado com parcimônia, se e quando é realmente necessário, como acontece com os carros de corrida. Há momentos espetaculares, em que os carros atingem a velocidade máxima; e há momentos em que a velocidade média despenca, para os padrões das corridas.

Mas é assim que deve ser. Desempenho extremo é, por definição, extremo. Não médio. Não costumeiro.

Da mesma forma, nenhum atleta vai correndo até o mercado quando precisa comprar um pote de manteiga como se estivesse nas Olimpíadas!

Nosso assunto neste livro é a exceção, não a regra. Por isso, repito, é chamado de desempenho extremo.

Não é alta performance — algo bem diferente. Então, não se preocupe se você não estiver vivendo em desempenho extremo 24 horas por dia. Até porque, se estiver, o estresse vai acabar com você.

O que precisamos saber é que, no fundo, desempenho extremo e a aplicação de uma força de impacto — em certos momentos e diante de certas pessoas — é o que separa seu futuro do passado.

No próximo capítulo, você verá um momento em que a força de impacto separou o sucesso total do *nada total*.

3

Aos 45 do segundo tempo

Os segundos tiquetaqueavam, e aquele comportamento pegou a todos de surpresa.

Ele levantou os braços em um "V" e pensei: ele já está colocando em prática o que ensinei. E era verdade.

Internamente, torci para que ele fosse o campeão.

Imagine que é você quem está enfrentando essa situação.

Eu havia ensinado o que apresentei no capítulo anterior.

Veja o que aconteceu no dia seguinte.

A respiração estava congelada

Todos estavam olhando fixamente para ele. Mais de cem pessoas nem respiravam, esperando para saber o que faria aquele rapaz que só precisava lembrar uma última resposta para tornar sua equipe vitoriosa.

Era o último dia do evento organizado pelo meu amigo Rodrigo Cardoso, em um hotel-fazenda no interior de São Paulo.

Equipes competiram durante vários dias e, naquele instante, os segundos se arrastavam depois que a última pergunta da última rodada da última atividade do evento tinha sido feita. Muitos já sabiam a resposta, mas é muito fácil lembrar a solução quando estamos na plateia. Quando estamos sob pressão, na frente de todos e o sucesso dos nossos companheiros depende de nós, tudo muda.

Qualquer um que já tenha participado de uma gincana ou outra competição do tipo sabe que, para quem está do lado de fora, tudo parece fácil. Mas naqueles momentos críticos nos quais o mundo parece estar olhando diretamente para você, todos os elementos estressores parecem apertar nossa garganta e como que por mágica parecemos perder a memória e a capacidade de agir.

Esse é o objetivo do desafio do evento de Rodrigo Cardoso: criar momentos estressantes e ensinar todos a responder da melhor forma possível.

Ele fez algo completamente inesperado

Eu estava lá como membro da equipe, que Rodrigo chama de Anjos, e havia ensinado para o público bem no dia anterior exatamente aquilo que você acabou de ler no capítulo anterior. O rapaz que estava no centro do mundo naquele momento havia assistido à minha aula.

De repente, ele levantou as mãos. Por alguns segundos, achei que ele estava fazendo *grounding*, uma técnica diferente cujo objetivo é buscar equilíbrio e força interior. Mas percebi que não era isso. Ele estava forçando o cortisol a baixar e a testosterona a subir, como eu havia ensinado no dia anterior! Ou talvez estivesse até misturando as técnicas.

Ele deve ter se lembrado de que, sob forte estresse, seu nível de cortisol devia estar nas alturas e o de testosterona tinha despencado.

Quando o cortisol dispara pelo corpo nos tornamos hesitantes, submissos, inseguros, medrosos, tristes, pessimistas, ficamos desconfortáveis, não conseguimos pensar no futuro, sentimo-nos impotentes, paralisados, inibidos, solitários e evitamos quaisquer riscos, mesmo quando um risco específico seja o melhor modo de atingirmos a alegria e o sucesso.

Então, quando todos acharam que ele não conseguiria, o rapaz levantou os braços, fazendo o "V" da vitória e um "X" com o corpo. Respirou fundo e ficou lá, parado.

Será que ele vai conseguir?

Sempre que uma situação exige que a pessoa busque dominar e controlar desafios, tensão e medos, seja no esporte ou na vida, receber esse disparo de testosterona pode ajudar muito. Tudo fica mais claro.

Quando o seu nível de testosterona dispara, você se torna mais assertivo, confiante, otimista, confortável em situações difíceis, rápido, pensa de modo mais abrangente e abstrato, aceita correr mais riscos calculados e sente-se mais forte.

Com a testosterona em alta, como expliquei no capítulo 2, são ressaltadas qualidades como coragem, foco, força... O corpo da pessoa que já se vê como vencedora dispara uma dose maior de testosterona e ela parte para a ação, salvando seu dia ou o de outras pessoas. Especialmente quando tudo parece perdido, mudar qualquer coisa é melhor que não mudar nada.

Lá estava ele, seguindo à risca as instruções.

A testosterona de quem fez as posturas poderosas por apenas 120 segundos subiu, *em média, 20%*. Já quem ficou fazendo as posturas enfraquecedoras teve uma inversão, com a testosterona *caindo 10%*. Isso significa que *havia 30% de diferença entre uma pessoa e outra*, apenas por causa da postura de 120 segundos!

Mas aquele rapaz não tinha 120 segundos. Tinha, no máximo, 10% disso. Mas, em momentos críticos, mesmo com uma ligeira mudança nos níveis hormonais, tudo pode acontecer!

Além disso, ele sabia que quem tinha feito as posturas poderosas tinha derrubado o nível de cortisol em 25%, enquanto quem ficou com posturas enfraquecedoras teve um aumento de 15% no hormônio. Uma *diferença de 40% entre uma pessoa e outra*.

> *Novamente: ele não tinha nem 20 segundos, quanto mais 120. Mas isso importa? Há momentos nos quais não precisamos ter uma diferença arrasadora. Basta uma ligeira alteração hormonal. Aquele era um daqueles momentos.*

Os segundos tiquetateavam, e aquele comportamento pegou a todos de surpresa. Ele levantou os braços em um "V" e pensei: ele já está colocando em prática o que ensinei. E era verdade. Internamente, torci para que ele fosse o campeão.

Um século em um segundo

Foram cerca de dez segundos que pareceram uma eternidade.

Rodrigo Cardoso disse, em um tom ameaçador (o que fazia parte do treinamento, porque quem o conhece sabe que é extremamente gentil): "Pela última vez, qual é a frase?"

Silêncio. Apenas aquele "X" humano, parado diante de todos.

Quando ele estava prestes a desclassificar a equipe toda, o rapaz abaixou os braços e, superando todos que achavam que ele fracassaria, gritou, emocionado, a resposta que cada um de nós aguardava que dissesse.

Uma explosão de gritos e alegria veio de todos quando Rodrigo, ao microfone, falou: "Parabéns! Está CERTO!"

Parecia o final do filme *Quem quer ser um milionário?*.

Era o último segundo para conseguir a última vaga para sua equipe. Faltava apenas aquela resposta. Foi quando, fazendo despencar o nível de cortisol e disparando o de testosterona, o rapaz conseguiu retomar o domínio sobre si próprio e venceu.

E ainda ficou melhor. Seu empenho e dedicação para salvar sua equipe de forma tão espetacular garantiram os votos de todos os Anjos e ele acabou, alguns minutos depois, sendo eleito o Líder do Ano — vitória máxima no evento.

Tudo porque seguiu os passos do capítulo anterior.

Sem pestanejar.

Agora é sua vez. Não importa se você já está nos 45 minutos do segundo tempo. A hora é agora.

Revisão

AGORA É SUA VEZ

Com o que você leu até aqui, responda:
Liste abaixo algumas situações que você vive, viveu ou acha que viverá que merecem a dedicação de 120 segundos para fazer sua testosterona subir e seu cortisol cair.

Há momentos nos quais você se sente irracionalmente "para baixo"? Quais? O que você faz para mudar isso? Ou você nem tenta? Explique sua resposta.

É bom saber

Qual a diferença entre *peak performance* (desempenho extremo) e alta performance?

No caso de *peak performance* e alta performance, as próprias palavras são parte da resposta. *Peak performance* é o ponto máximo em que você pode chegar em certos momentos. Alta performance é a *média mais alta* que você consegue manter na maior parte do tempo.

Como você pode ver, são coisas bem diferentes.

Se você pratica alpinismo, o monte Everest pode ser seu auge. Atingi-lo é algo que você não faz todos os dias, mas quando faz, aquilo entra para a história da sua vida. Ao atingir o topo do monte Everest você conseguiu desempenho extremo, ou *peak performance*. Entretanto, se você costuma escalar montanhas, está sempre no alto, embora em montanhas mais baixas que o Everest. Se você está constantemente no alto, isso lhe dá alta performance.

O mesmo acontece em outros aspectos da vida. Se você faz algo muito bem, de forma consistente, se está sempre no alto, se produz resultados ótimos e acima da média frequentemente, então tem alta performance. Se de vez em quando, faz algo que — na sua opinião— é espetacular, então naquele momento teve uma *peak performance*.

4
Concentração e atitude mental

Talvez você seja um músico, uma cantora, um pipoqueiro, um vendedor de cachorros-quentes, uma dançarina ou um mágico.

Se for o caso, você entretém pessoas, que se sentem mais alegres por sua causa.

Seu trabalho gera endorfinas nessas pessoas, marca positivamente a vida delas.

Mesmo que elas não saibam. Mesmo que algumas nem estejam olhando para você.

Faça com que parte delas queira olhar para você. E pense naquelas, na vida delas, que também se beneficiarão do seu sucesso.

Agora, feche os olhos por cinco segundos, estabeleça um foco interior sem interferências negativas, respire fundo, pense nelas e siga em frente.

Este capítulo mostrará o que sua concentração e sua atitude mental podem fazer por você.

Rituais da Força

Mesmo que haja momentos inesperados, nos quais a força de impacto e desempenho extremo sejam necessários, manter em vista alguns passos a seguir pode ser o diferencial entre sua vitória ou derrota.

Sugiro que você transforme esses passos em um ritual, como fazem os campeões, de modo que seja capaz de executá-los sem pensar muito, automatizando pensamentos, sentimentos e ações.

Rituais não têm relação com religião

Entenda que quando falo em ritual não há nenhuma conotação religiosa, espiritual ou mística. Ritual é apenas o nome dado para qualquer coisa que repetimos, de forma determinada, sob condições determinadas. É um hábito focado, com um objetivo claro: criar *gatilhos* relacionados ao nosso comportamento.

E faremos isso nos próximos capítulos, juntos.

Os rituais de todos os vencedores espetaculares, que usam desempenho extremo para seus sucessos, baseiam-se nos seguintes passos:

1. *Concentração/atitude mental* (mindset)
2. *Gatilhos de integração*
3. *Energia/ideias*
4. *Ação explosiva x 10*

Esses passos geralmente se sobrepõem, o que torna difícil afirmar com certeza a ordem estabelecida.

Além disso, existe uma retroalimentação que torna tudo mais poderoso, quando cada um dos passos reforça o outro, potencializando sua energia.

Ainda assim são passos que você deve ter em mente, a partir de hoje. E, para nos ajudar, vamos trabalhar com o corredor mais rápido do mundo atualmente. Seu nome é Usain Bolt.

Conhecendo Usain Bolt

Antes de continuar, vamos conhecer melhor nosso exemplo. Ele é Usain Bolt, o corredor mais rápido do mundo na competição dos 100m ou 200m e no revezamento 4 x 100m.

Usain Bolt é jamaicano, nascido na cidade de Trelawny. Bolt ficou famoso mundialmente nos Jogos Olímpicos de 2008, ao se tornar o primeiro corredor desde Carl Lewis a ganhar três medalhas de ouro. No ano seguinte, em Berlim, ele quebrou os próprios recordes correndo cem metros em 9,58 segundos e os duzentos metros em 19,19 segundos, tempos impensáveis até bem pouco tempo.

Nos Jogos Olímpicos de Londres foram mais recordes quebrados. Bolt, cujo nome significa raio em inglês, contou seu segredo em uma entrevista dada ao *DailyMail*. Ao ler, fiquei impressionado por descobrir que ele usa as mesmíssimas regras que apresento aqui e uso com clientes de *coaching*.

Por isso incluí a seguir alguns comentários sobre as crenças e técnicas de Usain Bolt para seu desempenho extremo nas corridas.

Concentração para desempenho extremo é bem diferente de "concentração pura"

Quando falamos em concentração mental, muitas pessoas confundem com algum tipo de meditação. Embora a meditação seja ótima, não é disto que estamos falando.

A concentração para desempenho extremo — seja na sala de aula, no jantar em família ou no lançamento das ações de sua empresa — segue três passos básicos:

A *inspiração*
A *modelagem*
A *visualização*

Inspirando sua vida

A inspiração é o processo de puxar o ar para o organismo e depois liberá-lo através da expiração. Pelo menos é isso o que chamamos de inspiração quando nos referimos ao ar que respiramos.

E qual a diferença?

A inspiração usada para desempenho extremo é o processo de puxar para dentro de você imagens, sons, memórias, músicas e emoções que possam ser úteis quando você tiver que partir para a ação. E há várias técnicas disponíveis para isso.

O importante é que você, *naqueles segundos antes de entrar em ação*, repense e sinta os motivos pelos quais você está fazendo aquilo. E têm que ser motivos positivos, válidos e *alegres*, ou a inspiração não vai funcionar.

Nem sempre o que você tem que fazer é algo que você realmente gostaria de fazer. Isso costuma atrapalhar várias pessoas. Elas fazem as coisas mal feitas porque só conseguem pensar no quanto não gostam do que estão fazendo. Entretanto, muitas vezes fazemos algo que não gostamos por causa de outra coisa, com a qual nos importamos.

Reconhecer esse sistema de triangulação pode ser um salva-vidas.

Razões para sorrir

A maior parte das pessoas trabalha em algo que não gosta para conseguir dinheiro para fazer o que gosta (ou pelo menos essa é a racionalização que usam para se justificar).

No fundo, esse sistema está correto, pois usa o que chamo de "delta de decisões"— quando fazemos uma coisa da qual não gostamos para conseguirmos outra, a qual gostamos. Acontece que a maioria das pessoas esquece seus motivos reais e suas vidas se tornam um eterno inferno.

Pode ser que você mesmo esteja fazendo isso, de verdade, neste momento. Ou talvez aquilo que você vai fazer agora servirá para levantar fundos para um pai ou mãe doente, para um filho com necessidades especiais, para ajudar crianças carentes ou, como é mais provável, para sustentar sua família.

Nesse caso, pense nessas pessoas vivendo mais felizes, mais confortáveis ou com uma vida mais completa por causa do seu trabalho. Você está provendo uma solução. Mas para que o "delta" funcione, você deve manter o foco nas razões positivas de estar fazendo o que está fazendo.

Isso é o que dá inspiração

É importante entender que, quando você pensa em uma pessoa ou situação, pode escolher se concentrar em algo que faça você *sorrir* ou algo que faça você *franzir* a testa. Mesmo que o motivo seja o mesmo, mesmo que o pensamento seja exatamente igual. O que você escolhe?

Se seu objetivo é criar força de impacto para ter um desempenho extremo, escolha focar apenas nas imagens e sensações que fazem você ficar com vontade de sorrir.

Há motivos positivos que podem acabar entristecendo. Não use esses motivos. Os motivos que você escolhe para superar a si mesmo sempre devem ser motivos positivos, que deixem você mais alegre.

Inspire-se imaginando o bem que você fará ao ser espetacular nos próximos minutos. Pense nas pessoas que vai ajudar; não se preocupe com você. Eles precisam da sua ajuda.

Talvez você seja um músico, uma cantora, um pipoqueiro, um vendedor de cachorros-quentes, uma dançarina ou um mágico. Se for o caso, você entretém pessoas, que se sentirão mais alegres por sua causa. Seu trabalho gera endorfinas nessas pessoas, marca positivamente a vida delas. Mesmo que elas não saibam. Mesmo que algumas nem estejam olhando para você. Faça com que parte delas queira olhar para você. E pense naquelas, em sua vida, que também se beneficiarão do seu sucesso.

Agora, feche os olhos por cinco segundos, estabeleça um foco interior sem interferências negativas, respire fundo, pense nelas e siga em frente.

Revisão

AGORA É SUA VEZ

O que inspira você?

Descreva nas linhas abaixo imagens, sensações ou qualquer coisa que, além de ser importante em sua vida, o deixa com vontade de dar um sorriso. Se não ficar com vontade de dar um sorriso, não use. Pode ser uma ou várias pessoas, um objeto ou um cenário. Mas deve ser algo que o inspira a ser ou estar alegre.
Esqueça a lógica. Esqueça o que você *deveria* escrever. Apenas escreva o que deixa você mais feliz.

Agora coloque, abaixo, razões "lógicas" para ser espetacular. Quais os motivos "sérios" para isso? Porque está no Alcorão, na Bíblia ou em outro livro sagrado? Porque seus pais ensinaram que você deve fazer isso? Porque você sempre fez isso? Não há certo ou errado neste exercício. Apenas faça.

É bom saber

Em todas as áreas há alguém em desempenho extremo

Modelos fotográficos, quando buscam o melhor ângulo e dão o melhor sorriso, estão entrando em desempenho extremo — procurando o modo mais impactante de fazerem seu trabalho. O mesmo ocorre com os fotógrafos.

Tradutores, escritores, cientistas e revisores estão focados ao máximo, buscando nos pontos mais escondidos de suas mentes a palavra certa, expressa da melhor forma, que provoque no leitor a sensação mais exata.

Coaches, consultores, mentores, terapeutas, analistas e assessores trabalham com a mente e podem estar em desempenho extremo sem que ninguém note.

Nomes como Steven Spielberg, Ken Carter, Will Smith, Jim Carrey, Orson Welles, Silvio Santos, George Lucas, Barão de Mauá, Benjamin Franklin, Barack Obama, Santos Dumont, Leandell de Moura, Gisele Bündchen e Sylvester Stallone já foram associados com a energia máxima e desempenho extremo em *algum ponto* de suas vidas, resultando em crescimento.

Palestrantes e treinadores poderosos, como Tony Robbins, Brendon Burchard e Rodrigo Cardoso conhecem melhor que ninguém o que é *peak performance*. Qualquer um que já tenha tido a sorte de assistir uma apresentação deles saiu de lá como se tivesse recebido uma recarga de energia.

Cada um de nós conhece alguém que tem desempenho extremo. Paraquedistas ou esportistas radicais, como o austríaco Felix Baumgartner que, aos 43 anos, foi o primeiro homem a saltar da estratosfera, de uma altura de 39.068 metros, em 2012, é apenas mais um dos infinitos exemplos.

Vendedores têm a chance de ter desempenho extremo todos os dias. Isso pode ser verificado pelo número de ligações que fazem, pelos contatos com os quais mantém *follow-up* ou pelo modo como estudam seus produtos e se preparam.

Professores, instrutores, atendentes, consultores, engenheiros, donas de casa, médicos, mães, arquitetos, jornalistas, pedreiros, motoristas, visionários, artistas ou cinegrafistas, todos tem a chance de mostrar desempenho extremo em suas áreas, transformando a vida de outras pessoas e as próprias no processo. Que tal modelar os seus sucessos?

5

Qual seu melhor papel? O poder da modelagem

Mary se apavorou. Pediu para que nos segurássemos com força e iniciou um pedido de socorro pelo rádio.

Também escutávamos pelo rádio um helicóptero da polícia, que descrevia a mesma cena que estávamos vendo. Então, o barulho do helicóptero ficou mais alto e vimos que ele estava nos sobrevoando, aparentemente uns 20m acima.

Os policiais diziam que o helicóptero já estava vendo tudo e iria nos salvar.

De repente, nosso trem se moveu ligeiramente e esbarramos em um transformador.

Foi impressionante: a explosão fez chover faíscas por todo o lado, tirando nosso trem dos trilhos.

A guia, desesperada, pedia socorro para a polícia pelo rádio.

Leia este capítulo para entender o que aprendi naquele dia.

Quando confrontei King Kong

Entre todas as minhas viagens ao mundo do entretenimento, uma história numa antiga atração ficou marcada. Foi quando estive no Disney World pela primeira vez e fiquei impressionado com a qualidade do atendimento de todos os funcionários. Igualmente impressionado fiquei ao visitar o parque dos estúdios Universal, uma versão de parque temático mais "high tech", que "toca a mente"enquanto Disney "toca o coração".

Lembro que no Disney World o pipoqueiro era igual àqueles que vemos nos filmes. Um atendimento nota dez.

Na verdade, isso chamou minha atenção porque todos os funcionários eram muito mais atenciosos e gentis do que os que, em geral, eu encontrava nas lojas dos Estados Unidos.

Mas houve um incidente no parque da Universal que me marcou muito. Foi quando King Kong ficou paralisado.

Eu havia chegado ao parque bem cedo com meus amigos para aproveitar as atrações, e havia uma fila enorme no brinquedo do King Kong, chamado Kongfrontation.

Fiquei em dúvida se valia a pena enfrentar aquela fila, mas acabei ficando lá para conhecer o brinquedo, com Shirley, Cláudia e Amaury, que tinham ido comigo.

Tudo começou como esperado

Em televisores estrategicamente colocados na fila que dava acesso ao brinquedo, um noticiário "informava ao vivo" que o gigantesco gorila King Kong havia escapado e estava solto pela cidade, destruindo tudo e sendo caçado pelas autoridades.

Segundo o noticiário, King Kong já havia destruído dois trens do metrô de superfície. Enquanto isso assistíamos cenas do filme de 1976, com o gorila destruindo tudo.

Quando finalmente a fila acabou, nosso grupo entrou em uma área muito semelhante à Pennsylvania Station, em Nova York, no começo do século XX. Era uma (enorme) réplica do metrô de Nova York na época.

Logo percebi que nós iríamos passear de metrô com King Kong à solta! Vários trens estavam saindo com outros turistas. Ao fundo, a poderosa música do filme *King Kong* tocava exatamente como no ponto do filme em que ele ataca a cidade de Nova York.

Entramos no único vagão do nosso metrô, e a operadora nos recebeu, dizendo que seu nome era Mary e que ia nos levar pelos trilhos por Nova York. Era um metrô elevado, cujos trilhos ficavam cerca de 10m acima do solo.

Víamos os prédios de três ou quatro andares, alguns apartamentos iluminados e outros vazios, vitrines, latas de lixo e as paredes pichadas, nessa Nova York realisticamente falsa. Era noite. Parecia que tínhamos voltado no tempo, de verdade.

E se a fantasia fosse real?

Logo depois que começamos a viagem de metrô, Mary nos disse, muito séria, que havia sido informada que todos os habitantes estavam fugindo de Manhattan durante o ataque do King Kong. Depois de alguns minutos, começamos a nos sentir parte da ação de verdade.

Então, ela gentilmente ligou o rádio na frequência da polícia para que pudéssemos saber mais sobre a situação, enquanto íamos para nossos lares... Bem, esse era o script.

Mary expressou sua preocupação conosco e disse que queria acabar logo seu turno para voltar para casa. Não era seguro ficar no metrô com King Kong à solta.

Enquanto isso, passávamos por várias ruas de Nova York, vendo a destruição causada pelo gigantesco gorila, incluindo incêndios, um hidrante vazando água, carros destruídos e outro trem do metrô parcialmente fora dos trilhos.

Pelo rádio, a polícia mandou pararem todos os trens. Mas foi então que Mary avisou que os freios do trem não estavam funcionando!

Os freios não funcionavam e continuávamos seguindo para o lugar em que Kong estava. Mary gritava no rádio, com tamanha tensão na voz que começamos a ficar preocupados.

Também escutávamos pelo rádio um helicóptero da polícia, que descrevia a mesma cena que estávamos vendo. Então, o barulho do helicóptero ficou mais alto e vimos que ele estava nos sobrevoando, aparentemente uns 20m acima. Uau, o pessoal dos efeitos especiais era mesmo muito bom, porque parecia um helicóptero *de verdade*!

E o som do helicóptero ficava cada vez mais alto. Ele estava bem próximo. Pelo rádio, soubemos que King Kong estava em algum lugar pela região.

Um facho de luz mostrou o gorila bem na nossa frente, preso a uma enorme ponte, urrando, com uma boca de uns dois ou três metros e dentes enormes. Mary se apavorou. Pediu para que nos segurássemos com força e iniciou um pedido de socorro pelo rádio. Os policiais diziam que o helicóptero já estava vendo tudo e iria nos salvar.

De repente, nosso trem se moveu ligeiramente (porque o gorila gigante havia batido nos trilhos) e esbarrarmos em um transformador. Foi impressionante: a explosão fez chover faíscas por todo o lado, tirando nosso trem dos trilhos (tivemos que segurar firme nas barras laterais do vagão). A guia, desesperada, pedia por socorro para a polícia pelo rádio.

Então, King Kong apareceu bem ao nosso lado. Enorme.

Aquela coisa tinha uns 20m. Mary gritava, pedia socorro pelo rádio e nós estávamos com o coração disparado.

O macaco gigante olhou para nós e urrou com aquela boca gigante e cheia de dentes afiados. Eu me sentia como um personagem da série *Terra de Gigantes* — e eu era um dos pequeninos. A guia, Mary, gritava por socorro o tempo todo, e nós gritávamos e ríamos, histéricos.

Escutamos a polícia mandar atirar em Kong. Naquele momento, Mary gritou pelo rádio para que não atirassem, pois o gorila podia ficar mais nervoso. Ela gritava sem parar, mas a polícia não deu ouvidos. Abriram fogo.

Kong, aquela besta enorme, olhou para o helicóptero barulhento, brilhando e atirando contra ele, arrancou o teto do nosso vagão com sua pata gigante e jogou a placa de metal para destruir o helicóptero, que caiu perto de nós e explodiu na ponte!

Outro helicóptero foi enviado.

Nosso trem escapou, mas King Kong nos pegou mais à frente. Ele começou a aproximar suas patas enormes para esmagar o vagão.

Todos gritávamos. O som da explosão (e o calor gerado), os gritos do King Kong e o desespero da guia, tudo foi crescendo para tornar aquela experiência ainda mais assustadora. Então, Kong olhou para nós e começou a aproximar sua pata gigantesca. Outro helicóptero se aproximou voando a 20m do trem. Ele começou a atirar em Kong, que ficou ainda mais violento.

Algo não funcionou

Nossa guia berrava e pedia socorro pelo rádio, em desespero, quase chorando, quando...

... o brinquedo quebrou.

Não estou brincando.

Parou tudo. Silêncio completo.

O macaco gigante parou. As luzes do helicóptero apagaram enquanto as de emergência acionaram. O fogo apagou. O som do segundo helicóptero desapareceu. De repente, toda a magia sumiu e voltamos para a realidade.

Mary parou de olhar para o painel, virou e nos olhou, sorrindo e — agora sem gritar — disse: "Desculpe, pessoal, acho que tivemos algum problema"

Depois, apanhou o rádio (o real) e verificou o que estava acontecendo. Foi informada que havia um problema técnico no brinquedo e teríamos que ficar aguardando por alguns minutos.

Foi o que fizemos.

Durante esse tempo, a guia ficou conversando conosco como uma pessoa normal, tentando nos manter calmos. Perguntou de onde vínhamos, o que estávamos achando do parque e coisas assim.

Mas o encanto daquele brinquedo estava quebrado.

Depois de aproximadamente dez minutos — eu já estava com sono, olhando aquele gorila gigantesco desligado — Mary recebeu pelo rádio a informação de que voltaríamos a funcionar em um minuto.

Então, Mary continuou a nos entreter, falando sobre sua vida e escutando sobre a nossa viagem até que as luzes se apagaram, o fogo voltou, o som do outro helicóptero começou novamente e nosso trem se moveu.

Voltando ao papel de guia

Naquele instante, Mary virou-se para o painel e *transformou-se em outra pessoa*. Ela voltou ao seu desempenho extremo.

Tornou-se novamente a operadora do metrô atacado por King Kong. Do nada ela começou a gritar e pedir socorro enquanto a pata gigantesca de Kong vinha em nossa direção.

Mas eu comecei a rir sem parar. A magia e o fluxo haviam sido quebrados.

Nem vou continuar a história porque não me lembro de muita coisa depois disso. Só sei que, quando nossa brincadeira estava chegando ao fim, outro monitor apareceu no teto, mostrando mais uma reportagem "ao vivo" do ataque, que mostrava um vídeo feito quando Kong atacou *o nosso* trem, com *nossas* imagens, feitas durante a ação, alguns minutos antes. Mas, cá entre nós, não estávamos parecendo muito assustados depois de tudo aquilo.

Mas o que quero destacar aqui é o trabalho da operadora Mary. Bastou voltarmos a funcionar e ela pareceu nem se lembrar do que tinha acabado de acontecer. Ela voltou ao seu papel sem pensar duas vezes.

Funcionária, não. Atriz.

De volta ao Brasil, lendo sobre os empregados do Disney World e do parque da Universal Studios, descobri que os atendentes e operadores são *atores*. Isso mesmo. Eles são contratados como atores porque, para os diretores do Disney World ou do Universal, aquilo é um verdadeiro show — não apenas um parque.

No Disney World e no Universal, quando esses atores vão procurar emprego, já começam a atuar *imediatamente*. São contratados como *atores para atuar em papéis especiais no show que acontece todos os dias no parque*. Na verdade, nem são chamados de funcionários, mas de *elenco* e são contratados para interpretar um papel.

Só no Disney World, no momento em que escrevo este livro, há mais de sessenta mil atores trabalhando ao mesmo tempo. A maior empresa do mundo a ter tantos funcionários no mesmo local.[18]

Foi então que entendi porque o pipoqueiro do Disney World era tão bom no que fazia e porque Mary, do Universal, agiu tão bem quando o "teatro" voltou a funcionar. Ela não se via como operadora de brinquedos, assim como o pipoqueiro não se via como pipoqueiro, *mas como atores fazendo papéis de pipoqueiro e de operadora do metrô durante o ataque do King Kong.*

Vou repetir para que você entenda bem esta parte: ela não se via como operadora de brinquedos, assim como o pipoqueiro não se via como pipoqueiro, *mas como atores fazendo papéis de pipoqueiro e de operadora do metrô durante o ataque do King Kong* — e isso muda tudo.

Você pode estar imaginando: qual a diferença?

Bem, talvez não houvesse nenhuma se fôssemos apenas robôs, mas quando mudamos o modo de enxergar o que fazemos, quando alteramos o motivo, absolutamente, tudo muda.

Estar lá, atuando como o melhor pipoqueiro do mundo, vai criar um impacto na carreira do ator, em seu modo de agir no mundo, assim como estar lá, atuando como melhor operadora do metrô, durante o mortal ataque do King Kong, vai criar um impacto positivo na carreira da atriz e do público que participa do espetáculo.

Por isso, como o que eles estão fazendo agora ganhou um novo significado na vida deles, podem dar o melhor de si — o melhor sorriso, o melhor olhar, o melhor atendimento —, porque, afinal de contas, o papel é *do melhor...*

E isso, por incrível que pareça, *muda o desempenho imediato* — não apenas futuro.

---

[18] Na verdade, entre 55 a 65 mil funcionários costumam estar trabalhando ao mesmo tempo, como explicou Claudemir Oliveira, do Seeds of Dreams Institute (http://www.seedsofdreams.org/).

Então, quando você encontrar aquele pipoqueiro no Disney World, ou aquela operadora de metrô no Universal, lembre-se de que ele é um ator fazendo o papel de um pipoqueiro e ela, uma atriz fazendo o papel de operadora de metrô. Não de um pipoqueiro qualquer, mas do melhor pipoqueiro do mundo. Não de uma operadora qualquer, mas de uma operadora de metrô atacada pelo King Kong!

Alerta

Desempenho extremo pode se transformar em alta performance? Isto é, posso me acostumar com um resultado incrível e passar a tê-lo como parte de mim?

Claro que sim! Por isso muita gente confunde *peak performance* com alta performance.

Se você deseja ser um professor espetacular (todos nós já tivemos professores assim), provavelmente prepara cada uma das aulas para que tenham *peak performance*.

Depois da primeira aula, você está esgotado e sente que sua energia foi completamente drenada. Entretanto, após algum tempo, você não se sente mais assim. Sabe que a aula foi ótima, e os alunos pensam que você está em desempenho extremo, mas na verdade você já passou a ter alta performance.

Para você, o esforço agora é muito menor, mas as pessoas ainda pensam que é imenso.

Se funciona para eles, por que não usamos?

Talvez você seja faxineiro. Tony Robbins — hoje um dos maiores especialistas em *peak performance* do mundo — era zelador de uma escola e hoje construiu um império de mais de cinquenta milhões de dólares.

Talvez você seja neurocirurgião. Talvez, advogado, professor, policial. Talvez, vendedor de hambúrgueres.

Seja o que for, porque você não usa essa estratégia? Por que não se torna ator de si mesmo?

É muito fácil. Basta, no momento de entrar em ação, seja no início do dia ou antes de atender um cliente, pensar o seguinte:

Estou interpretando o papel de melhor (preencha o espaço) ________________________ *do mundo. Abra um sorriso, respire fundo e diga: "Tudo preparado! Luzes, câmera, AÇÃO!"*

Pronto. Não importa se é o papel de pipoqueiro na porta da escola, de cozinheira da empresa, ou agente da polícia federal. Você é o melhor do mundo no que faz.

Repita isso. O dia todo. Sempre que o telefone tocar. Sempre que o cliente entrar.

Repita:

Estou interpretando o papel de melhor (preencha o espaço) ________________________ *do mundo. Abra um sorriso, respire fundo e diga: "Tudo preparado! Luzes, câmera, AÇÃO!"*

Seja menos você

Minha amiga, a autora, psicóloga renomada, apresentadora de tevê e palestrante na área de educação emocional, Rosalia Schwark, costuma repetir uma frase que muita gente demora um pouco para entender. Ela diz: "Seja menos você." Menos medroso.

Menos preconceituoso. Menos focado nos seus erros. Menos preguiçoso. Seja menos você.

O que ela quer dizer é que nos acostumamos tanto com nossos acertos *quanto com nossos erros*, então, podemos começar a dizer que "eu sou assim mesmo", uma desculpa para sermos medíocres, fracos e sem esperanças.

A maioria das pessoas não nota, mas somos todos atores representando personagens, em papéis dados por pais, professores, amigos, amores, pela mídia e por pessoas que nem estão mais entre nós. Mas são apenas papéis. E papéis podem ser mudados.

Podemos alterar nossos scripts, nossa fala, nossos sorrisos, nossas lágrimas.

Podemos alterar tudo, porque somos os personagens principais do filme das nossas vidas. E diretores. E autores.

Robbins-Madanes Training

O único curso do mundo sobre intervenção estratégica e emocional, negociação de conflitos, relacionamento familiar e consultoria de casais (ao mesmo tempo) é aplicado pela instituição *Robbins-Madanes Training*, na Califórnia. Ele foi criado por Cloé Madanes e Tony Robbins, e quem passa por esse curso está preparado para intervenções estratégicas em crises de todo tipo — profissionais, pessoais e psicológicas.

Para ser um *coach* certificado pela instituição e fazer parte da equipe é obrigatório fazer esse curso espetacular, com um ano de duração.

Anthony Robbins, como você provavelmente já imagina, é um palestrante que domina muito bem desempenho extremo e também é autor de enorme sucesso. Além disso, é um homem que mudou a vida de milhões de pessoas.

Cloé Madanes é uma das maiores especialistas em mudança estratégica no mundo, renomada psicoterapeuta familiar e especialista em terapia breve.

Cloé foi aluna de Milton Erickson (criador da hipnose Ericksoniana) e foi uma das criadoras do sistema de *strategic approach* de mudança comportamental. Autora de sete livros clássicos na área de psicologia e terapia, usados em todos os cursos da área e muitos traduzidos para mais de vinte idiomas, ela é considerada uma das vinte terapeutas mais importantes do planeta.

Ganhadora de vários prêmios, Cloé Madanes é especialista em métodos eficazes e soluções duradouras para problemas que vão desde situações crônicas de pobreza extrema, desordens alimentares, abuso sexual, violência doméstica até desafios governamentais ou atendendo a grandes executivos, astros e bilionários.

Desde 2002, Cloé passou a trabalhar com Anthony Robbins no desenvolvimento do novo campo da intervenção estratégica, um projeto interdisciplinar que integra os sistemas de mudança mais eficazes a longo prazo, com métodos de intervenção terapêutica em uma grande variedade de campos.

Pois bem, por que estou dando o currículo dela com tantos detalhes? Para que você saiba que partiu dela a sugestão abaixo, e não de alguém que não tem a menor ideia de como funciona a mente e o comportamento humanos.

Jessica Rabbit?

Em uma das aulas do curso de intervenção estratégica (naquele momento o foco era nos relacionamentos de casais), uma das participantes relatava um problema pessoal que estava impactando negativamente sua vida.

Nascida na Rússia, ela disse que vinha tendo problemas de relacionamento com seu namorado — nascido no Afeganistão —, porque ambos eram "fortes e assertivos demais" em tudo que diziam e que ambos tentavam, por suas raízes culturais,"liderar" o casal.

O curioso é que ela explicava que, na verdade, *não queria liderar nada*, pois estava cansada de ter que decidir tudo. Então, estava perdendo duas vezes. Primeiro porque não queria — conscientemente — liderar o casal. Só se comportava assim porque tinha aprendido com a mãe e a avó a agir de modo mais "bruto" e pouco "sensível". Segundo, porque os conflitos com seu namorado estavam afastando-o dela, já que ele vinha de uma cultura na qual são os homens que tem o poder — que era uma das coisas que a atraía nele.

> *Quando uma pessoa se conhece bem, entende o que realmente deseja e como isso é diferente daquilo que faz. Por isso, o primeiro passo para conseguir o que você quer é saber se você está realmente se comportando de modo a viver aquilo. Muitos conseguem o que pensam que querem e, depois sentem que estão infelizes porque, no fundo, não era aquilo que queriam.*

O ponto é que *ela sabia que não queria* liderar o casal, mas fazia isso por seu condicionamento cultural aprendido na Rússia. Muitos de nós passamos por algo semelhante, sabendo que queremos mudar nosso comportamento, mas ainda assim presos a ele.

Conhece-te a ti mesmo

Isso acontece com quem come muito, ou bebe muito, ou fala demais, ou acorda muito tarde, ou tem sido preguiçoso. Mesmo sabendo que precisamos mudar, algumas vezes parece muito difícil fazer a coisa certa.

Por isso saber e não fazer ainda não é saber.

"Estou repetindo o comportamento de minha mãe e da avó", dizia a moça. "Quero voltar a ser feminina e, embora mantendo minhas posições, deixar que meu 'homem' lidere o casal. Como mudo meu comportamento?"

Cloé escutou com atenção. Fiquei imaginando o que ela responderia. A resposta dessa premiada e respeitada especialista mundial pegou a muitos de nós de surpresa, pela simplicidade e eficácia:

"Você gosta de alguma personagem que considere feminina?"

A russa pensou um pouco: "Sim. Gosto de Jessica Rabbit, a sensual esposa de Roger Rabbit, do desenho animado."[19]

O riso foi geral, até porque Cloé não sabia quem era Jessica Rabbit e alguém teve que lembrá-la. Foi quando ela riu também.

"Então", disse Clóe, "assista ao desenho e comece a viver, falar, e seduzir como Jessica Rabbit. Inclua o papel dela na sua vida. Você pode ser extremamente sensual e até mesmo 'liderar' o casal com sua sedução. Convença e mantenha suas posições com firmeza, mas delicadeza e sensualidade."

"Modele a nova você como Jessica Rabbit quando estiver com seu namorado. Inclua elementos da personalidade dela na sua."

Quem disse isso foi uma das maiores especialistas em intervenção emocional e de conflitos do mundo.

O que ela dizia para a aluna russa era: deixe que o homem tenha a força. Você fica com o poder. É como aquela piada muito comum, dita por um homem com voz de dono do mundo: "Pois é. Lá em casa quem tem a última palavra sou eu! Sempre que algo tem que ser decidido e minha mulher fala o que quer, eu digo: *Sim, meu amor!*"

Portanto, *seja menos você*. Se há um personagem do qual você goste, inclua elementos dele em você.

---

[19] A personagem Jessica Rabbit foi inspirada em uma mulher real, Vicki Dougan, modelo e atriz da década de 1950 que se tornou famosa pelos vestidos ousados que usava, mostrando inteiramente as costas e caminhando sempre de forma sedutora.

Lembre-se de dizer, sempre antes de entrar em desempenho extremo:

Estou interpretando o papel de melhor (preencha o espaço) ________________________ *do mundo. Abra um sorriso, respire fundo e diga: "Tudo preparado! Luzes, câmera, AÇÃO!"*

É hora de assumir seu melhor papel. As cortinas vão se abrir assim que você disser que chegou a hora. O palco do mundo aguarda para aplaudir você de pé!

Revisão

AGORA É SUA VEZ

Modelos de excelência

Abaixo você vai fazer uma lista de DEZ pessoas, reais ou ficcionais, que fazem A MESMA COISA que você faz ou quer fazer, com desempenho extremo. Não pode ser alguém que faz OUTRA coisa muito bem. É um modelo para fazer algo específico, o que você quer. Se você é advogado, seu modelo deve ser um advogado. Se você é motorista, seu modelo deve ser um motorista.

Difícil achar dez modelos? Compreendo. Se é difícil achar modelos, então você está com sorte. Significa que sua área ainda é desprovida de *supersucessos* e de pessoas reconhecidas por terem desempenho extremo. Prepare-se para aparecer na lista de alguém que lerá este livro no futuro!

Outra razão para a falta de modelos pode ser o fato de você não estar muito focado na sua área de atuação. Comece a procurar ativamente os sucessos. Você pode se surpreender.

Volte aqui e complete esta lista quando encontrar bons modelos!

1
2
3
4
5
6
7
8
9
10

É bom saber

Qual a diferença entre *peak performance* (desempenho extremo) e *the zone*?

Nenhuma. São sinônimos. A expressão "the zone" é usada em esportes quando um atleta consegue unir por completo mente e corpo, ligando isso a memórias de vitórias passadas, integrando a expectativa de vitória atual e colocando seu corpo e seu desempenho em uma zona de altíssima calibragem (por isso é chamado "the zone"), mostrando desempenho extremo, como se estivesse em um nível diferente da maioria das outras pessoas — geralmente dos outros esportistas.

Atletas de alto desempenho costumam usar ferramentas mentais e físicas para que possam entrar no estado de *peak performance* (the zone) durante uma competição.

6

Fantasia, previsão ou projeção?

Olhei para a bola com concentração total... Observei a cor, o tamanho, até imaginei o peso... Me senti como um campeão... Meu olhar na bola era o de um campeão... O movimento do taco era calibrado como o do vencedor... Não escutava nada, nem as gracinhas que meus amigos diziam para me desconcentrar.

E deixei os dois impressionados.

Impressionei a mim mesmo. Acertava tudo. Vencia tudo.

Leia este capítulo para entender como se programar para vencer. Sempre.

Modelando seu caminho

Se você não tem ainda um histórico de sucesso, tente modelar outra pessoa, real ou imaginária, como modelo, como expliquei no capítulo anterior, buscando seu "melhor papel".

Praticamente tudo o que queremos fazer já foi feito por alguém. Na vida real ou na ficção. Tanto faz.

E provavelmente já foi feito melhor. Mas não se importe com isso. Não estamos fazendo um comparativo entre você e outra pessoa, mas entre o "*você de agora*" e "*você de ontem*".

Então, procure essa pessoa espetacular em sua mente, a que já fez o que você quer fazer agora. Você já viu fotos dela? Assistiu a documentários sobre ela? Palestras? Filmes? É um personagem de livros ou filmes? Está em uma história que você escutou? Já a viu em ação?

Note que a pessoa ou personagem realmente tem que ter feito muito bem aquilo que você quer fazer. Caso contrário, se houver alguma dúvida em sua mente sobre a pessoa ou suas capacidades, é melhor nem tentar. Se necessário, pegue um personagem da ficção. Personagens de ficção tem a vantagem de serem "perfeitos" naquilo que fazem, simplificando o processo.

Lógica do sr. Spock e eficácia da Supernanny

Quando era estudante do ensino médio, costumava imaginar que eu era o senhor Spock, da série *Jornada nas Estrelas*. Quando eu tinha um problema, tentava pensar como ele, em busca de uma solução. Mas também já me modelei como o ciborgue Steve Austin, de *O homem de seis milhões de dólares* e MacGyver de *Profissão perigo*.

Está bem, parece um pouco imaturo, mas *eu era adolescente*. E, convenhamos, até que eram bons modelos, considerando outros, menos corretos, que eu poderia ter escolhido.

Se você, por exemplo, é fã de uma artista de cinema, mas, embora ela seja muito bem-sucedida na carreira, não conseguiu constituir família, e você sente que há algo errado, não a use como modelagem. Se usar, você corre o risco de repetir os mesmos erros.

Mas se for uma pessoa que você aprova integralmente, modele-a, isto é, tente aproximar-se, aos poucos, do comportamento da pessoa modelada.

Você tem filhos pequenos e gostaria de ter a Supernanny[20] ao seu lado? Compre seus livros, assista aos DVDs e comece a modelar o modo como ela pensa e age. Como ela fala? Como ela parece pensar? Modele sua atitude com base no comportamento dela.

Você é professor e quer que suas aulas sejam mais emocionantes, como as daquele colega? Assista às aulas dele. Modele-o. Como ele parece pensar? Quais palavras e comandos ele usa com os alunos? O que ele assiste na tevê e o que ele lê? O que ele come? Como ele trata as outras pessoas? Comece sua modelagem o mais rápido possível.

Modele os melhores.

Talvez você seja um fotógrafo. Então escolha um grande fotógrafo internacional para ser seu modelo e procure-o na internet. Leia tudo sobre ele. Estude-o. O que ele acha da vida? O que é importante quando fotografa? O que ele estuda, diz e pensa? Ele deu entrevistas? Leia tudo. Crie um álbum com todas as fotos dele já publicadas, veja como ele posiciona a câmera, quais os momentos nos quais prefere fotografar e o que ele pensa da vida. Tente entrar na cabeça do seu modelo.

[20] Supernanny é um programa de televisão criado na Inglaterra e adaptado a outros países tal como Estados Unidos e Brasil. A ideia desse programa é mostrar ao público em cada episódio como impor disciplina às crianças por meio do exemplo dos pais.

Esse método de metas intermediárias garante que você comece a aprender cada vez mais a se comportar como a pessoa modelada,[21] até que as qualidades que procura se integrem à sua personalidade.

Não se trata de uma cópia, mas de uma nova criatura. *Um você melhor*. Muito melhor.

Foco total no aqui e agora

Quando eu era adolescente, comprei um livro que me colocou nesse estado pela primeira vez. Trata-se de *A força mágica da vontade*, de Claude M. Bristol. Foi um dos primeiros livros de autodesenvolvimento que li na vida.

Nem me lembro claramente do que ele dizia, mas havia um capítulo que ensinava a focar nas nossas metas imediatas. Segundo Bristol, se tratava de um tipo de poder mágico. Essa parte não me convenceu, mas achei que ele poderia estar passando um bom conteúdo com uma embalagem inadequada.

Na época, meu amigo Adauto tinha uma mesa de bilhar em casa, e eu e outro garoto costumávamos aparecer lá para jogar depois da escola.

Eu devia ter uns 15 anos.

Sempre fui um jogador medíocre e nunca acertava as jogadas. Meus dois amigos sempre me davam uma "surra", mas eram ótimas companhias e eu sempre passava um tempo lá. Entretanto, quando comecei a ler o livro, ele dizia que eu poderia me tornar excepcional no que desejasse, bastando acreditar e focar completamente as energias da minha mente.

---

[21] Segundo WHALEY e MALOTT (1980, p.96) "através de um processo gradual, as respostas que se assemelham cada vez mais ao comportamento terminal são, sucessivamente, condicionadas até que o próprio comportamento terminal seja condicionado". Assim na modelagem há o comportamento inicial, há o(s) comportamento(s) intermediário(s) que são modelados pelo reforçamento positivo e há o comportamento terminal que é o estabelecido pelo experimentador e, segundo WHALEY e MALOTT, (1980, p.97) "estes comportamentos pertencem a uma mesma classe de respostas".

Pois então: certo dia, após a aula, fui para a casa do meu amigo e pensei comigo mesmo: Bom, já que sempre perco, não tenho como piorar; vamos testar essa teoria. Se funcionar, passo a acreditar no poder do foco.

Depois que nós três chegamos da aula, o jogo começou. Na minha vez, lembrei das instruções do livro: olhei para a bola com concentração total... Observei a cor, o tamanho, até imaginei o peso... Me senti como um campeão... Meu olhar na bola era o de um campeão... O movimento do taco era calibrado como o do vencedor... Não escutava nada, nem as gracinhas que meus amigos diziam para me desconcentrar. Éramos apenas eu, o taco e as bolas de bilhar. E deixei os dois impressionados. Impressionei a mim mesmo. Acertava tudo. Vencia tudo. Na primeira tacada, eu mesmo achei que era sorte. Mas continuei sem perder.

De um dia para o outro me tornei simplesmente espetacular. Meus amigos estavam incrédulos.

Mas não havia mágica alguma. Apenas foco completo e o envolvimento emocional com a criação de um fluxo de pensamento voltado para a obtenção de resultado — "The Zone".

E, embora eu desconsiderasse a parte da magia, acreditei no foco.

Modelando vitórias passadas

Hoje sei que "acreditar" significa "sentir".

Nenhuma mulher acredita no que um homem diz se não sentir que é a verdade, não é mesmo?

Então, considere criar emoções ancoradas em seus sucessos. Sinta suas emoções modelando suas vitórias passadas.

Pode ser que você já tenha feito perfeitamente o que vai fazer de novo agora. Talvez você seja jogador de futebol, músico ou jornalista, e haja em sua mente *o registro de uma vez em que executou sua atividade de modo maravilhoso.*

Lembra?

Você já, em algum momento da sua vida, operou com desempenho extremo fazendo exatamente o que vai fazer agora?

Então aquele estado de desempenho extremamente bem sucedido já está dentro de você. Há uma memória, ligada aos seus músculos, que existe em sua mente.

Acesse-a.

Relembre com detalhes a sensação de quando tudo correu muito bem. Lembre-se dos sons que escutou. Lembre-se dos aromas que sentiu. Das palavras que foram ditas.

Se alguém estava lá, incentivando, pense naquela pessoa, ou em outra que poderia fazer o mesmo. Coloque-a junto de você, mesmo que na imaginação. Sorria. Sinta as endorfinas e serotoninas invadindo seu corpo durante seu sucesso anterior e se que repetirá agora. Sinta a testosterona disparando e transformando sua mente e corpo na mais perfeita máquina viva para agir neste momento. Mova os músculos sob a pele, sentindo a tensão, sem que tais movimentos sejam percebidos por quem está de fora.

Apenas ligue os músculos aos comandos da mente. Gere emoções com base em memórias espetaculares. Isso vai colocar seu corpo em sintonia com sua mente e levá-lo para “the zone”, onde tudo vai correr muito bem.

O filme mental do seu sucesso extremo

Agora que você já entendeu a importância de ser uma pessoa extraordinária e de modelar suas ações a partir de alguém espetacular ou de um momento espetacular da própria vida, crie um filme em sua mente nos próximos dez segundos.

Nessa sequência imaginária, você se vê *dentro de si mesmo*, e sua performance está espetacular. Você está em desempenho extremo, e as pessoas se mostram surpresas e entusiasmadas com suas palavras, sentimentos e ações.

Seja um encontro com uma única pessoa, uma dezena ou duzentas mil em um grande estádio, em seu filme você vê as pessoas adorando passar um tempo com você e escutando sua mensagem.

Esse filme será constantemente melhorado, todas as vezes que for reprisado em sua mente, mas sempre deve ter dez segundos.

Crie um roteiro simples e saiba que você é o personagem principal e diretor da produção. Rode o filme em sua mente, sempre imaginando uma câmera em primeira pessoa enquanto caminha para onde deve ir, diz e faz o necessário.

Se você é mãe ou pai e busca ser espetacular, sua imagem será você aproximando-se de seu filho ou filha e envolvendo a criança, com emoções boas. E em seu filme os resultados serão sempre muito positivos.

Imagine que seus olhos são a câmera

Não imagine que você está se olhando, no ponto de vista em terceira pessoa. Imagine-se onde você realmente estará: dentro de si mesmo.

Essa questão é tão importante que vou explicar melhor: durante anos, em minhas palestras, explico como devemos usar um "quadro de visão" para que nos lembremos sempre daquilo que desejamos. E há anos vejo pessoas usando a técnica incorretamente.

Entenda: se você olha para uma fotografia de um carro e se vê dirigindo, *de fora*, como se fosse outra pessoa, as emoções serão sempre fracas.

Mas se você se imagina dirigindo o carro, sente o banco, o volante, visualiza o painel... Isto é, se você está *dentro do seu corpo durante as visualizações*, as emoções são muito mais intensas do que se você apenas imagina se ver dirigindo o carro. Entende a diferença?

Por isso, enquanto cria seu filme, sugiro enfaticamente que você imagine que alguém colocou uma microcâmera atrás de seus olhos. Assim, tudo o que aparece em sua tela mental é o mundo exterior. Se você é um velocista, seu filme da vitória deve conter a largada (enquanto você observa o chão), o público vibrando, os sons, outros corredores ficando para trás e a linha de chegada sendo arrebentada quando você passa. Seus braços levantados... O sorriso de vitória e centenas de pessoas cercando você e gritando: "Campeão!"

Depois você pode até imaginar um filmezinho complementar do ponto de vista de várias "câmeras" mostrando a pessoa fantástica que você se tornou. Mas, antes, imagine tudo em primeira pessoa, como se a câmera estivesse em você.

Então, quero que você imagine sendo espetacular no *seu* ponto de vista, não importa o que esteja fazendo. Esse filme estará sempre disponível dentro de sua mente.

Revisão

AGORA É SUA VEZ

Com o que você leu até aqui, responda:
Escreva aqui seu roteiro de dez segundos. Como é seu filme mental? O que você diz? O que você pensa? Quais objetos estão ao seu redor? Descreva para ler e melhorar sempre. Lembre-se de que a "câmera" está nos seus olhos.

É bom saber

Peak performance (desempenho extremo) e _inner game_ são a mesma coisa?

Não. "Inner Game" vem do princípio criado por Timothy Gallwey, precursor do *coaching*, que diz que nosso potencial para desempenho extremo pode ser liberado quando limpamos nossa mente das interferências externas.

O "jogo interior" tem algumas premissas principais e defende corretamente que o corpo se ajusta de forma automática de modo a obter desempenho extremo quando as resistências desaparecem da mente.

O livro *O jogo interior* descreve modos para atingir *peak perfomance*, ou desempenho extremo. O *inner game*, ou jogo interior, é a fundação do desempenho extremo.

7

O que dispara sua força?

O telefone tocou e ela continuou escrevendo.

Eu deixei tocar. Uma vez. Duas vezes. Três vezes.

Ela olhou para mim e, hesitante, perguntou: "Você não vai atender?"

Respondi: "Estou esperando você tocar a medalha e sorrir." Ela então, abriu o maior sorriso que havia visto desde que começamos a sessão e tocou a medalha depois de sorrir.

Eu perguntei: "Você quer tocar a medalha antes ou depois de sorrir?"

Ela pareceu surpresa. "Faz diferença?"

"Tudo faz", respondi.

Usei uma explicação de Tony Robbins. Ele compara duas frases. A primeira é: O cachorro mordeu Johnny. A segunda: Johnny mordeu o cachorro.

Alguma palavra foi trocada? Não. Mas a ordem delas foi, e isso muda tudo. Dizer que o cachorro mordeu Johnny é bem diferente de dizer que Johnny mordeu o cachorro. Especialmente se você for Johnny...ou o cachorro.

Leia este capítulo para entender como criar os gatilhos certos para vencer. Sempre.

Criando gatilhos para desempenho extremo

Todos os homens e mulheres cujo desempenho é extraordinário, seja em que área for, têm algumas âncoras psicológicas que os colocam em um estado de total fluxo livre de ideias, emoções e ações. Esse fluxo tem começo, meio e fim e a maior parte dos atletas e figuras públicas têm o seu.

Mas o conceito básico não tem muito segredo.

Ele começa quando se estabelece uma conexão neuroassociativa no cérebro que automatiza uma ação, um comportamento ou caminho a seguir.

A frase acima ficou um pouco confusa? Não tema. Vamos analisar esse conceito em detalhes agora.

Vamos ser chapeiros?

Como essa neuroassociação funciona na prática?

Simples. Se você já trabalhou em uma lanchonete como chapeiro ou lancheiro, já deve saber como funciona. Vamos então imaginar um sistema básico que poderia ser usado por um funcionário de uma lanchonete, para não se perder.

Imagine o seguinte cenário: três clientes entram na lanchonete e cada um pede um sanduíche diferente.

O primeiro pede um *cheeseburger*.

O segundo pede um "especial"— queijo quente com presunto e ovo.

O terceiro pede apenas um hambúrguer simples.

Você conseguiria se lembrar dos pedidos se colocasse na chapa, ao mesmo tempo, três pães iguais? Duvido. Então talvez você criasse um sistema para automatizar os pedidos.

Sempre que alguém pedisse um *cheeseburger*, você colocaria na chapa, imediatamente e da esquerda para a direita, o pão virado para cima.

Sempre que alguém pedisse um especial, você colocaria na chapa, imediatamente e da esquerda para a direita, um ovo para fritar.

Sempre que alguém pedisse um hambúrguer simples, você colocaria na chapa, imediatamente e da esquerda para a direita, a carne de hambúrguer.

Em seguida, poderia voltar à extrema esquerda e colocar carne ao lado do pão virado para cima: a carne que vai no *cheeseburger*.

Depois iria para o especial, colocando, ao lado do ovo já fritando, duas fatias de presunto.

Então seguiria para o terceiro lanche — que você nem lembra mais do que é — mas, observando que há apenas um hambúrguer fritando, sabe que é um hambúrguer simples. Pega então a carne e vira, colocando ao lado o pão para esquentar.

Olha para a esquerda e vê o pão ainda virado para cima e a carne do *cheeseburger*. Vira a carne, vira o pão e coloca as fatias de queijo.

Segue para o segundo e, vendo que agora já há presunto e um ovo fritando, sabe que está fazendo um especial e coloca o pão para esquentar, vira o presunto e o ovo, que já estão fritos por baixo.

O terceiro pedido, um hambúrguer simples, já está pronto. Você coloca a carne no pão quente, coloca no prato e toca a sineta para que outra pessoa entregue o pedido ao cliente.

Volta para o *cheeseburger* e faz a mesma coisa.

O especial ainda não está pronto. Você continua...

Bom, você já entendeu, não é?

Basta *memorizar* antecipadamente a ordem de montagem dos lanches, *sempre começando cada lanche por um ingrediente diferente*.

Assim, sabe que se colocar na chapa um pão virado para cima, antes de qualquer outra coisa, aquele pedido é de *cheeseburger*. Se começar com ovo, é um especial. Se começar com carne de hambúrguer, terá que montar um hambúrguer simples. E assim por diante.

A ordem de todos os pratos é memorizada a partir de um primeiro e único elemento. A âncora. O gatilho que diz todo o resto.

Se você errar o primeiro elemento, vai montar um sanduíche completamente diferente. Para fazer com que os outros passos ocorram como memorizados, você deve começar do jeito certo, com a âncora correta na memória.

Assistir um chapeiro em ação numa lanchonete pode ser muito instrutivo, para saber como ele entra no "fluxo" do trabalho. Um bom chapeiro pode fazer vários lanches ao mesmo tempo, sempre acertando os pedidos sem precisar de anotações ou lembretes.

Gatilhos de integração

Grande parte das coisas que fazemos depende do que chamamos "gatilhos", uma centelha que, ao ocorrer, nos leva a fazer isso ou aquilo.

Um gatilho que nos faz querer comer pipoca, por exemplo, é o cheiro de pipoca quentinha sendo feita na porta do cinema.

Ao sentir o cheiro da pipoca, Bum!, bate aquela vontade de comer pipoca.

O gatilho foi o cheiro.

Algo semelhante acontece quando você entra em casa e sente o cheiro daquela comida deliciosa que sua mãe sempre cozinhou quando você era criança.

Cheiro, entretanto, é apenas um tipo de gatilho entre muitos.

Há milhares de gatilhos na nossa mente. Se você dirige carros com marcha, quando o som do motor muda... Bum! você muda a marcha sem nem ao menos notar. Quando o programa que passa domingo à noite começa, e você escuta aquela música bem conhecida... Bum! você sabe que o fim de semana acabou e que a segunda-feira está chegando.

Quando aquela música que fez sucesso há vinte anos começa a tocar... Bum! Imediatamente você se lembra daquele tempo e sua mente viaja.

Um gatilho pode ser ativado por diversas coisas diferentes. Uma palavra, um sabor, uma temperatura, um cheiro, um toque, um perfume... Qualquer coisa pode dispará-lo. Para isso, basta que ele tenha sido ativado no momento em que aquela sensação estava acontecendo. Então, a memória dela estará com você por muito tempo. Isso é emoção: uma memória associada a um sentimento.

> *Uma emoção nada mais é do que uma memória ancorada, amarrada, a um sentimento ou sensação.*

O problema é que a maior parte dos gatilhos surge por acidente ou, em alguns casos, pela escolha de outras pessoas.

Os comerciais de tevê e rádio, com aquelas musiquinhas grudentas, são exatamente para isso: criar gatilhos para que você se lembre de comprar os produtos.

E se você pudesse criar próprios gatilhos, como fazem os chapeiros com os lanches? Assim como o chapeiro usa gatilhos memorizados, escolhendo algo para colocar na chapa imediatamente para lembrá-lo de toda a sequência de montagem do lanche, você poderia fazer algo similar?

Claro que pode. E deve. É o que veremos agora.

O gatilho

Quando vamos iniciar uma atividade na qual desempenho extremo e o fluxo de trabalho sejam necessários, o mais importante a fazer é criar um gatilho e uma sequência de ações para que possamos informar o corpo e a mente que devemos entrar em "modo de sucesso extremo".

Nos capítulos anteriores expliquei a importância de três aspectos muito importantes para que você tenha desempenho extremo: a inspiração, a modelagem e a visualização.

Agora, vamos dar um passo ainda mais arrojado e instalar um gatilho em você para que não precise conscientemente lembrar-se da inspiração, da modelagem e da visualização quando for entrar no "ringue" da vida.

Da mesma forma, como o chapeiro não precisa ficar lembrando quais lanches está fazendo depois que memoriza os diferentes gatilhos para cada um.

É importante que, somente com um gatilho, você faça três coisas:

1. Inspire-se
2. Modele
3. Visualize

Tanto faz se você vai fazer uma prova na universidade ou se apresentar com a sua orquestra. Se você busca desempenho extremo, minha sugestão é que você crie uma âncora.

Âncora?

Sim, mas não se trata de âncora de navio. Âncora, aqui, é um termo, uma técnica cujo objetivo é que você ancore, isto é, prenda sentimentos, emoções e pensamentos juntos para que possa acessá-los instantaneamente quando desempenho extremo for necessário.

É possível criar âncoras. Então vou descrever uma ideia e você vai começar a procurar a sua âncora de desempenho extremo ainda hoje.

Algumas ideias

Eu sugiro que você crie um ritual que comece por seus motivos *mais importantes*, assim como o chapeiro tem um ritual para montagem dos lanches.

São seus filhos? Seus pais? Seu cônjuge? Carregue fotos deles e, como primeiro passo, olhe para elas antes de entrar na arena de batalha, que pode ser seu escritório, seu smartphone, seu carro, o ônibus ou sua pasta. Cada um de nós luta em arenas diferentes.

No filme *Rocky: Um lutador*, o personagem Rocky Balboa carregava uma medalha que sempre beijava antes de entrar no ringue. Você não tem que beijar nada a não ser que queira, mas prenda-se a imagens, deuses, santos ou o que quer que lhe dê forças e motivos para ser o melhor que pode ser.

Alguns segundos olhando ou segurando sua âncora já vão prepará-lo para estraçalhar os problemas e surgir como um verdadeiro mago frente a todos. Ancorar seu desempenho extremo a um motivo extremo é uma das chaves para a realização extrema.

Se seus motivos para ação incluem uma pessoa especial, peça para que ela escreva um bilhete dizendo que ama você ou que conta com você e coloque o bilhete onde possa vê-lo e permita que sua força entre em sua mente e energize suas ações.

Ancore, isto é, associe seus motivos para ação a um objeto, uma medalha, uma imagem, uma pedra.

Não importa o quê. Ancore seus motivos mais importantes àquele objeto e toque-o antes de entrar em desempenho extremo. Sempre do mesmo modo.

A cliente que não conseguia atender ao telefone com bom humor

Vamos chamar essa cliente de Cláudia. Ela veio me visitar porque tinha enorme aversão a atender telefones. Acontece que, na empresa em que trabalhava, a cada dia ela precisava atender mais e mais clientes.

Os clientes começaram a reclamar que ela era muito nervosa e brava, séria demais, o que, no Brasil, é tido como grosseria. O chefe tinha conversado com ela sobre isso e, em seguida, ela pensou em conversar comigo.

Quando me explicou o que estava acontecendo, começou a dar todos os tipos de explicações sobre porque não gostar de atender telefones. Escutei as desculpas por cinco minutos (toda justificativa é uma desculpa) e então perguntei: "O que você quer?"

Ela me olhou e disse: "Quero ser como todo mundo."

Isso não era uma resposta, então perguntei novamente:

"Não entendi. O que você quer?" Fui bem enfático para que ela entendesse que o assunto era sério.

Ela pensou um pouco e então respondeu: "Quero ser simpática ao telefone." Disse isso e abriu um belo sorriso.

Ela era muito simpática pessoalmente, o que facilitava muito as coisas. Então montamos um programa muito simples, que sugiro agora a você, caso tenha que ancorar algum tipo de novo comportamento simples:

"Você tem algo que carregue sempre e que acredita ser especial?"

Ela disse: "Não!" Só que ao mesmo tempo segurou uma medalhinha que trazia no pescoço.

Perguntei: "Que medalha é essa?"

Ela olhou e sorriu. "É uma medalhinha de Nossa Senhora Aparecida"

"Você é devota de Nossa Senhora?"

"Sou, muito", respondeu ela.

Bingo! Era o que eu queria escutar. Queria saber se suas crenças poderiam ser usadas para ancorar algo poderoso.

"Então", falei, "Vamos fazer uma coisa. Mas, para funcionar, você terá que tocar na medalha sempre que acontecer, ok?"

"Acontecer o quê?"

"Sempre que o telefone — qualquer um — tocar, você deve tocar sua medalha de Nossa Senhora e abrir um sorriso, esteja onde estiver, aconteça o que acontecer."

"Mesmo que eu não queira sorrir?", perguntou ela, surpresa.

"Não é uma expressão de felicidade, mas um treinamento. Você pediu minha ajuda. Quer mesmo fazer isso?"

Ela pareceu pensar por um instante e então respondeu: "Quero. Está bem!"

Fiz com que ela colocasse esse compromisso *por escrito* e, enquanto ela escrevia, peguei meu celular e liguei para o telefone em cima da minha mesa. Liguei para mim mesmo.

O telefone tocou e ela continuou escrevendo.

Eu deixei tocar. Uma vez. Duas vezes. Três vezes.

Ela olhou para mim e, hesitante, perguntou: "Você não vai atender?"

Respondi: "Estou esperando você tocar a medalha e sorrir." Ela, então, abriu o maior sorriso que havia visto desde que começamos a sessão e tocou a medalha.

Eu perguntei: "Você quer tocar a medalha antes ou depois de sorrir?".

Ela pareceu surpresa: "Faz diferença?"

"Tudo faz", respondi.

Usei uma explicação de Tony Robbins. Ele compara duas frases. A primeira é: *O cachorro mordeu Johnny*. A segunda: *Johnny mordeu o cachorro*.

Alguma palavra foi trocada? Não. Mas a ordem delas foi, e isso muda tudo. Dizer que o cachorro mordeu Johnny é bem diferente de dizer que Jonny mordeu o cachorro. Especialmente se você for Johnny... ou o cachorro.

Ela disse que queria sorrir antes e depois tocar a medalha. Pedi que ela me mostrasse o que faria e, em seguida, escrevesse isso.

Liguei novamente para meu telefone fixo. Tocou uma vez. Duas vezes. Na terceira ela abriu um sorriso e tocou a medalhinha.

Desliguei.

Ela terminou de escrever seu compromisso de ancoragem e me passou para ler. Estava ótimo.

Ela escreveu:

O telefone toca. Sorrio imediatamente e toco a medalha de Nossa Senhora Aparecida. Sinto-me ótima e mostro isso para a pessoa do outro lado da linha.

Antes que Cláudia saísse do escritório naquele dia, um telefone tocou em *outra* sala. Ela sorriu, tocou a medalha e olhou para mim, buscando aprovação. Eu sorri e disse que isso era tudo de que ela precisava para mudar. Uma âncora poderosa, aleatória e simples, já que nunca sabemos quando o telefone vai tocar, mas ele sempre toca.

Em duas semanas ela me telefonou (sorrindo) e afirmou que a ideia de sorrir e tocar a medalhinha tinha revolucionado sua vida, e que ela estava muito grata por minha ajuda.

Mas note, leitor, que a âncora era *dela* e cabia a ela segui-la ou não. E ela seguiu. O sucesso não foi devido à minha intervenção, mas à ação *dela*.

"Eu tenho a força!"

Você já ouviu essa frase: *Eu tenho a força*!? A famosa frase é de um antigo personagem de desenhos animados chamado He-Man.

Quando ele estava em momentos de dificuldade e conflito, para resolver logo "a parada", He-Man levantava sua espada aos céus e dava um potente grito de "Eu tenho a força!". Então um extraordinário raio caia e ele crescia, ganhava força espetacular e virava o herói que os garotos adoravam. Aí partia para o combate... Ele acreditava que tinha a força para resolver tudo!

O que é isso senão uma âncora?

Quando tudo parece silenciar por alguns segundos

Assisti a todos os vídeos de Usain Bolt antes de suas corridas principais, mas nem precisaria. Todos os corredores aprendem isso muito rápido. A vitória começa no momento em que *sua mente escuta o corpo* e revê as pessoas amadas e a vontade indomável de receber os abraços e aplausos de todos ao final.

É então que sua âncora está funcionando.

Mas os vídeos das vitórias de Bolt, nas corridas dos 100 ou 200m, mostram isso muito bem. No momento em que ele começa a se concentrar, é possível sentir o foco silencioso de sua mente. Ele repassa motivos pelos quais quer ganhar, e sua mente vai detectando o estado de todos os músculos, todo o seu potencial.

Já vi palestrantes que se preparam antes de subir no palco como se estivessem entrando em um combate mortal. Nos bastidores eles rezam, meditam, fazem flexões, olham fotos e medalhas, ou seja, mantêm rituais que fazem deles verdadeiras máquinas de sucesso extremo.

Mas sempre há um momento de silêncio e concentração.

Sua concentração

Quando você tiver que entrar em desempenho extremo, concentre-se por alguns segundos. O ideal é fazer isso após a ancoragem e imediatamente antes da ação.

Esse momento pode durar mais que alguns segundos? Claro que sim, mas este livro foi escrito para situações em que o tempo é muito curto.

A reunião vai começar. O show vai ser aberto. O vendedor vai recebê-lo. Seus filhos estão chegando para almoçar. A prova terá início.

Não importa se estamos falando de uma "arena" real ou imaginária: repasse seus motivos reais para estar ali, toque em sua âncora e concentre-se por alguns segundos. Limpe sua mente.

Nesse momento, o que você quer é alinhar tudo o que você *não sabe que sabe*, sua respiração, seus desejos, sua inspiração.

E começará a vencer, primeiro na mente. Depois no mundo.

Nesse momento de concentração, aproveite para visualizar seu sucesso.

Represente-se internamente como uma pessoa de sucesso. Pense como se fosse um vencedor. Assim, ao repetir as ideias de um vencedor, você começa a agir como um.

Tenha em mente o objetivo real para estar frente a frente com aquela(s) pessoa(s), que quer ouvir sua mensagem ou conhecer seu produto ou serviço.

Não o seu objetivo real, mas os objetivos reais para elas.

> *Isso lembra a ótima frase de Zig Ziglar:*
>
> *"Você pode conseguir tudo o que quiser da vida se ajudar as pessoas a conseguirem o que elas querem."*

Lembre-se de que, se você entrar na arena com os motivos certos e as intenções corretas em mente, todos captarão isso e você vencerá — *aconteça o que acontecer.*

Por outro lado, se você se concentrar em motivos manipuladores e tiver a intenção de ludibriar sua plateia, isso ficará claro para todos e você terá perdido sua plateia — *aconteça o que acontecer.*

Siga os passos que ensino, *da forma* que ensino, e tudo acontecerá como deve.

A eliminação do universo

Continuando o ritual de concentração, há algo que pouca gente faz, mas todos os campeões compartilham. Eles *eliminam o universo externo e preocupações de suas mentes.*

Se o dia está um caos, o trânsito está péssimo, a temperatura não é das mais agradáveis, a gripe insiste em pegar você, ou se já está lhe atacando quando você entra em desempenho extremo, nada disso importa.

Na verdade, quanto maior o caos externo, melhor para você, pois outras pessoas poderão ser afetadas, mas não quem está passando pelo desempenho extremo. Quando sua adrenalina toma conta, você não sente dor ou cansaço. Uma clara vantagem para você.

Agora, faltam segundos para tudo começar. Apague de sua mente tudo que tem relação com o mundo exterior. Elimine o universo externo.

Vencendo o jogo interior

Timothy Gallwey, precursor do *coaching*, escreveu um livro em 1974 chamado *O jogo interior de tênis* (*The Inner Game of Tennis*).[22]

Na década de 1960, Gallwey havia sido capitão da equipe de tênis da Universidade de Harvard, e os conceitos publicados no livro foram testados nessa época.

A premissa de *O jogo interior* diz que os indivíduos devem vencer primeiro na mente. Se as observações da mente estiverem corretas, *o corpo se ajustará automaticamente para obter desempenho extremo*. Ele foi a primeira pessoa a desenvolver um método completo para uso desse conceito em várias situações.

Veja o que ele diz:

> *Em todos os desafios humanos existem duas arenas de combate: uma externa e outra interna. O jogo exterior é jogado em uma arena exterior, e o objetivo é superar obstáculos externos para alcançar um objetivo. O jogo interior acontece dentro da mente do jogador e é jogado contra obstáculos como medo, dúvidas, lapsos no foco e conceitos e pressupostos limitadores. O jogo interior é jogado para vencer os obstáculos autoimpostos que podem evitar que uma pessoa ou grupo possa atingir seu potencial pleno.*

---

[22] Ele também escreveu *The Inner Game of Golf*, *The Inner Game of Music*, *The Inner Skiing*, *The Inner Game of Work*, *The Inner Game of Winning* e *The Inner Game of Stress*.

Mas como fazer isso? Gallwey sugere que você use a fórmula

$$D = P - I$$

Isso significa:

Desempenho é igual ao **Potencial** menos a **Interferência**.

Note, então, que seu desempenho extremo será igual ao *potencial de desempenho* (que varia de pessoa para pessoa, motivo pelo qual jamais comparamos desempenho extremo de indivíduos diferentes) menos a *interferência externa e interna*. Tudo aquilo que impede ou reduz sua capacidade de usar seu potencial máximo é um tipo de interferência.

Internamente, são medos, dúvidas, lapsos no foco e conceitos e pressupostos limitadores, como explica o próprio Gallwey.

Externamente, é o mundo.

Um dos modos de eliminar a interferência externa é "eliminando" o universo reconhecível. Você elimina o universo externo *criando em sua mente um universo interno poderoso*, cheio de imagens de vitória, de realização, de superação. Assim, também vai eliminando as interferências internas que reduzem seu desempenho.

Nossa mente é limitada e não consegue absorver muitas ideias novas ao mesmo tempo.

Quando você coloca imagens de sucesso, as imagens de fracasso não conseguem ocupar o lugar e saem. Mesmo que temporariamente, elas desaparecem.

Limão delicioso

Uma vez, durante uma palestra conjunta, a linda e engraçada Rosalia Schwark, do Movimento Perfeito, estava dividindo o palco comigo e fazia o papel de uma “bruxa” que afirmava que a vida era azeda.

Em meio a risadas, ela começou a oferecer um limão, cortado na hora, para o público. Todos que experimentavam, naturalmente, franziam a testa, fechavam os olhos e faziam aquela cara de quem chupa um limão azedo. Afinal, era isso que estavam fazendo.

De repente ela vira para mim e me oferece o limão. Ao vivo. Isso não estava no roteiro e ela apenas achou que seria engraçado. Eu improvisei e entrei no jogo. Chupei o limão e... *não senti nada*. Ela, então, perguntou o que eu tinha achado e apenas respondi: “De-li-ci-o-so!” A plateia veio abaixo e explodiu em palmas.

Ótima ideia, a dela. Ótima reação, a minha.

É verdade: não senti absolutamente nada quando chupei o limão. Mais tarde, no camarim, conversando sobre o acontecido, concluímos que a adrenalina do momento simplesmente me “protegeu” da acidez do limão.

Isso é comum para nós, palestrantes. Lembro uma vez em que estava com uma gripe terrível, dor de cabeça e febre. Mas o palco e as mais de duas mil pessoas na plateia estavam a minha espera. Repassei meu “ritual” e... quando pisei no palco, todos os sintomas desapareceram. Durante os noventa minutos da palestra, minha dor de cabeça sumiu, não espirrei e pude me concentrar em tornar melhor a vida das pessoas que estavam me assistindo.

Cinco minutos depois do fim da palestra, meu corpo desabou. A dor de cabeça voltou, os espirros, a coriza recomeçaram, e isso provou que bastava eu sair do estado de desempenho extremo para que meu corpo voltasse ao desempenho normal.

Quando você se acostuma, a eliminação do universo externo passa a ser fácil. Para que seu desempenho seja memorável e marcante, é essencial que todo o universo desapareça quando você começa a falar. Seja para uma ou para 300 mil pessoas, enquanto você está se apresentando e interagindo, todos os envolvidos devem esquecer tudo que não tenha relação com o assunto, a experiência ou a vivência principal.

Elimine o universo externo sempre que você precisar de força imediata.

Durante sua apresentação, seja em que área for, deixe de lado os problemas financeiros, as crises no relacionamento, a fome, os sócios, os clientes problemáticos, os concorrentes, os medos, a dor ou qualquer coisa que possa tirar seu foco da vitória extrema.

Porque você não quer apenas vencer. Você quer uma vitória *extrema*. Para isso, a força de impacto é essencial.

Respire fundo e aguarde o sinal de largada. Como Bolt, quando o tiro é disparado é o momento de reduzir todo o universo àquele momento, àquele lugar.

Agora, a sua âncora

No seu caso, já que o objetivo é conseguir desempenho extremo, vamos criar uma âncora que reúna três coisas: uma imagem inspiradora, um modelo inspirador e seu filme de dez segundos.

Você vai pegar um objeto e colocá-lo no bolso ou onde possa encontrá-lo, mesmo que se esqueça dele, no momento em que precise entrar em desempenho extremo. Se você é um esportista, coloque junto dos seus tênis. Se você é palestrante, junto do seu trocador de slides.

Lembre-se de que isso não é um objeto mágico. É apenas uma âncora psicológica. Se você perder esse objeto, antes de entrar em desempenho máximo, não há nenhum problema. Apenas imagine que o objeto está materializando-se em suas mãos, materializando-se. O poder está em você, não nele.

Mas, enquanto se prepara, escolha o objeto.

Pode ser uma foto, uma medalha, um relógio, uma caneta, um bóton, uma lembrança, um desenho. Qualquer coisa. Então segure sua âncora e, em poucos segundos, siga os seguintes passos:

> Pense em uma imagem alegre representando sua inspiração, conforme vimos nos capítulos anteriores, para ter sua âncora positiva.
>
> *Observe com atenção a foto, mas apenas por cinco segundos.*
>
> Na mesma hora, ainda segurando sua âncora, pense em seu modelo, seja uma pessoa espetacular ou você mesmo, fazendo algo perfeito no passado.
>
> *Veja e sinta o sucesso em sua mente e em seu corpo, por 4-5 segundos. Sinta a tensão dos músculos aumentando. Você vai se tornar espetacular em poucos instantes.*
>
> Agora, assista em sua mente seu filme de 8 a 10 segundos de sucesso total, imaginando-se no seu próprio corpo.
>
> *Sorria. Respire fundo.*

Termine dizendo a seguinte frase:

> *Estou interpretando o papel de melhor (preencha o espaço) ______________________ do mundo. Abra um sorriso, respire fundo e diga: "Tudo preparado! Luzes, câmera, AÇÃO!"*

Pronto. Guarde sua âncora e use-a sempre que tiver que entrar em desempenho extremo ou quando estiver ensaiando sua performance.

Caso queira, inclua ou tire qualquer destes elementos. Você é totalmente livre para escolher.

O primeiro flash em sua mente

Depois de ancorado, sempre que você tiver que entrar em máximo desempenho, o primeiro flash em sua mente deve ser essa sequência que acabamos de criar.

Esse flash é a primeira coisa que deve passar pela sua mente na hora de enfrentar o momento de decisão e ação, naqueles segundos, minutos e horas que podem transformar sua vida, mesmo que pouco a pouco.

Essa é a verdadeira motivação. Esses são os motivos para ação. *Seus* motivos. *Sua* ação.

Então, antes de tudo, pense, mesmo que por uma fração de segundos, em sua âncora. Silencie. Avance.

Revisão

AGORA É SUA VEZ

Hoje você vai separar cinco objetos que possam ser ancorados aos seus motivos para entrar em ação extraordinária. É por sua esposa ou marido? Por seus filhos ou pais? É um desejo mais difuso? O que é realmente? Pense nisso e encontre uma foto, medalha, pedra ou bilhete que você possa carregar, ou colocar em um lugar que encontre sempre, para ancorar a força de impacto quando necessário. Desses cinco, vai escolher um para a ancoragem. Guarde os outros para ancoragens futuras, se desejar.
Os objetos aos quais posso ancorar minhas emoções são:

____

____

____

____

____

Agora faça o exercício de ancoragem, colando sua inspiração à sua mente, seus modelos e seu "filme de sucesso extraordinário" por no máximo 15 segundos. Você treinará essa ancoragem de uma a três vezes por dia, durante trinta dias. Faça um sinal de *check* (√) todos os dias até terminar o trigésimo. E, nem preciso dizer, faça a ancoragem sempre que tiver de entrar em desempenho extremo, a qualquer momento, durante esses trinta dias.

Dia 1	Dia 02	Dia 03	Dia 04	Dia 05
Dia 06	Dia 07	Dia 08	Dia 09	Dia 10
Dia 11	Dia 12	Dia 13	Dia 14	Dia 15
Dia 16	Dia 17	Dia 18	Dia 19	Dia 20
Dia 21	Dia 22	Dia 23	Dia 24	Dia 25
Dia 26	Dia 27	Dia 28	Dia 29	Dia 30

É bom saber

Desempenho extremo também pode ser mental

A força para desempenho extremo não precisa ser física. Pode também ser mental.

Cientistas como Galileu Galilei, Nicolau Copérnico, Marie Curie, Robert Oppenheimer, Isaac Newton, Louis Pasteur, Stephen Hawking, Albert Einstein, Carl Sagan, Thomas Edison, Aristóteles, Neil de Grasse Tyson, Richard Dawkins e Charles Darwin, ou autores como William Shakespeare, Dostoiévski, Antoine de Saint-Exupéry, Paulo Coelho, George Orwell, Virginia Woolf, Alexandre Dumas, Fernando Pessoa, Isaac Asimov e milhares de outras mentes brilhantes também operaram em desempenho extremo várias vezes — nesse caso, com ideias.

Você verá que há momentos nos quais, apesar de não *parecer*, o desempenho é extremo.

Por isso, o que você está aprendendo aqui pode ser usado por pessoas comuns e pessoas que buscam ser incomuns.

Jogadores de xadrez como Garry Kasparov e Bobby Fischer também estão entre os que sempre usaram a mesma força, ainda que suas ações parecessem muito silenciosas. Toda a sua energia estava direcionada a mover as peças perfiladas no tabuleiro bem à sua frente. Não parecia, mas ainda assim, estavam em *peak performance*.

8

Desempenho extremo pode acontecer com ideias

O tornado varreu a cidade de Barry, Ontário, a cerca de 60km de Toronto.

Dezenas de pessoas morreram. Proctor estava dirigindo e parou na estrada para observar o que tinha ocorrido. A devastação era enorme. Casas foram destruídas e os sonhos de centenas de pessoas, simplesmente varridos da história.

Uma pessoa que estava participando do seminário, passando pela mesma região logo depois de Bob Proctor, também viu a destruição. Essa pessoa era Bob Templeton.

Quando ele viu o que havia acontecido, pensou no que tinha aprendido com Bob Proctor naquele dia e voltou para a estrada disposto a ajudar aquelas pessoas de alguma forma.

Ele só não sabia como. Templeton já tinha visto o problema. Agora, como ensinara Proctor algumas horas antes, tinha que pensar somente em soluções.

Este capítulo pode revolucionar sua vida e seus negócios.

Não perca um segundo sequer.

Mais energia, mais ideias

Robbins costuma afirmar que "*todo comportamento é resultado de um estado em que estamos, e poderemos conseguir diferentes comportamentos e comunicações quando estivermos em estados de muitos recursos.*[23]"

Estados de muitos recursos são típicos de desempenho extremo, e a marca registrada de uma pessoa em desempenho extremo é sua fisiologia. Essa pessoa tem uma postura de campeã, respira como uma campeã, sua tensão muscular e seu relaxamento são de uma campeã. Toda a sua bioquímica é de uma campeã.

Veja como Usain Bolt fica quando entra na pista. Ele anda como um vencedor, fala como um vencedor e sente-se um vencedor. Ele é assim sempre. Ele come como um vencedor. Ele abraça as pessoas como um vencedor. Ele bebe água como um vencedor. Usain Bolt está sempre atento para ser um vencedor nos pequenos detalhes, em todos os detalhes. Assim, ele gera a energia de um vencedor e as ideias de um vencedor.

"Mas eu não sou assim", você diz. Tudo bem. Há campeões que não parecem campeões fora do ringue da vida. Eu conheci um palestrante que é assim.

O palestrante que parecia muito tímido

Lembro quando a *coach* Raquel Doretto e eu estávamos saindo do café da manhã do hotel, quando cruzamos com um palestrante que iria se apresentar dali a uma hora e estava chegando para tomar seu café da manhã, em um evento que seria encerrado por mim. Eu não o conhecia, mas quando ele disse seu nome, lembrei que ele estava no *line-up* de palestrantes.

---

[23] ROBBINS, Anthony. *Poder sem limites.* Rio de Janeiro: BestSeller, 2010.

Mas depois daqueles primeiros minutos comecei a ficar preocupado. O homem parecia tímido demais para ser palestrante. Já achei que sua palestra seria fraca e comentei isso com Raquel. Mesmo assim, cheguei mais cedo ao evento para assisti-lo. É algo que sempre faço, quando o tempo permite. E não pude acreditar em meus olhos.

Lá estava ele, se apresentando como se fosse outra pessoa. Brilhante. Rápido. Energético. Cheio de recursos. Eu estava vivenciando o que acontecia quando um homem passava a agir de modo extraordinário, com força de impacto e desempenho extremo.

O nome desse palestrante espetacular é Dalmir Sant'Anna,[24] que naquele momento me deu uma lição de humildade para não julgar as pessoas tão rapidamente. Foi delicioso assistir à palestra.

Não fui o único que gostou. Todo o público também adorou.

Curiosamente, depois da palestra, eu o vi caminhando pelo auditório e — fora de desempenho extremo —, não parecia o mesmo palestrante. Ele voltara a ser uma pessoa tímida, embora extremamente gentil, educado e inteligente. Então, você pode ser tímido, até desarticulado (não era o caso dele), mas isso não o impedirá de se tornar um sucesso espetacular muito em breve.

Energização não física

Naturalmente, em esportes, eventos, shows e até em vendas, você precisa de uma descarga de energia que eletriza todo o seu corpo para enfrentar os desafios. Isso é o que chamo de "energização física" ou de "fisiologia do sucesso". Mas, felizmente, existe um substituto para esse tipo de energia, caso você não queira acelerar seu metabolismo.

São ideias.

---

[24] www.DalmirSantanna.com.br Autor do livro "Oportunidades", pela Odorizzi Editora.

O mundo paga por ideias tanto quanto por ações. Na verdade, como prova o sucesso de certas empresas e pessoas, *em vários casos o mundo prefere ideias*.

Pegue por exemplo, algumas mídias sociais de crescimento gigantesco. Seus fundadores estão muito, muito longe, de serem clichês de sucesso, mas suas ideias foram tão espetaculares, são vencedores. Espetaculares.

Por isso, ideias podem, sim, ser um tipo de energização, e o campo de batalha das ideias pode ser perfeito para quem tem uma imagem menos impactante.

Vamos nos afastar um pouco, agora, do exemplo do atleta. Vamos refletir sobre homens que tiram sua energia das ideias.

Steve Jobs era um caso assim. Ele conseguia ultrapassar as fronteiras das ideias e criar apresentações minuciosamente preparadas que tinham um resultado extremo.

Controverso mas brilhante, e com uma vida pessoal caótica, Jobs conquistou milhões de fãs e revolucionou parte da indústria da informação em todo o planeta. Se você puder, siga seus passos e modele seu lado *empreendedor*— não sua vida pessoal — para que você seja bem-sucedido como ele.

Mas talvez você seja bem mais introvertido. Nesse caso, veja o ótimo exemplo de Bill Gates, arquirrival de Jobs.

Gates está longe de parecer um homem que atua fisiologicamente em um nível de desempenho extremo. Com o tempo, suas apresentações melhoraram, mas seu forte sempre foi a atuação longe dos holofotes. Suas ideias, escolhas e decisões, bem como o modo como sempre atuou no quebra-cabeça da tecnologia, criaram um tremendo desempenho extremo, a ponto de impactarem todo o planeta com seus produtos e sistemas.

No caso de Gates, a energia estava nas ideias.

Quando você tem um fluxo ilimitado de ideias, mesmo a situação mais difícil pode acabar tornando-se um ótimo momento de vitória.

Veremos agora como o especialista Bob Proctor pode ajudá-lo a ter um fluxo ilimitado de ideias poderosas e, com isso, criar cada vez mais energia para seu resultado extremo.

O tesão por soluções

Talvez você conheça Bob Proctor. Nós já apresentamos palestras juntos em várias cidades do Brasil.

Ele é um conferencista, autor e *coach* canadense muito conhecido, que faz uma participação no filme *O Segredo*. Bob é um homem cuja história é repleta de sucessos e tem uma maneira brilhante de ensinar, fazendo sucesso em todos os países por onde passa.

Ele ficou famoso por ensinar uma técnica chamada "tesão por soluções", da qual vou falar agora. Você poderá usá-la hoje mesmo, para mudar dramaticamente seu dia e em situações de desempenho extremo baseado em ideias. Precisa de ideias e soluções? Tente o tesão por soluções.

Embora a palavra "tesão" no Brasil tenha o sentido de "excitação", aqui estou falando outra coisa: um "T grande". *Sim, falo da letra* T. Daí, tesão.

O conferencista James Ray conta em suas apresentações uma história que foi originalmente partilhada por Bob Proctor e depois publicada no livro *Histórias para aquecer o coração*.

Bob Proctor estava apresentando um seminário no Canadá quando um tornado varreu a cidade de Barry, em Ontário, a cerca de 60km de Toronto.

Proctor estava dirigindo e parou na estrada, para observar o que tinha ocorrido. A devastação era enorme. Dezenas de pessoas morreram. Casas foram destruídas e os sonhos de centenas de pessoas, simplesmente varridos da história.

Uma pessoa que estava participando do seu seminário, passando pela mesma região logo depois de Bob Proctor, também viu a destruição. Essa pessoa era Bob Templeton.

Quando ele viu o que havia acontecido, pensou no que tinha aprendido com Bob Proctor naquele dia sobre o "Tesão por soluções" e voltou para a estrada disposto a ajudar aquelas pessoas de alguma forma.

Ele só não sabia como. Templeton já tinha visto o problema. Agora, como ensinara Proctor algumas horas antes, tinha que pensar somente em soluções.

Focado unicamente em ideias

Templeton sabia que não adiantava pensar no problema. A imprensa e as pessoas já estavam falando bastante sobre eles. Ele precisava pensar em soluções. "*Como posso fazer a diferença? Deve haver algo que eu possa fazer por essas pessoas*" era seu lema ao ver o desastre.

Bob Templeton era, naquele momento, vice-presidente de uma empresa chamada Telemedia Communications, uma empresa com uma série de emissoras de rádio em Ontário e Quebec. Leia a seguir o que aconteceu, nas palavras de Ray, para entender o funcionamento do "tesão por soluções".

Alguns dias depois, Bob Templeton chamou seus colegas da Telemedia para uma reunião. Em um *flipchart* ele escreveu, em letras enormes, três números três.

3-3-3

Então perguntou para os executivos: "Vocês gostariam de levantar três milhões de dólares, em apenas três horas, daqui a três dias, e doar o dinheiro para a população da cidade de Barry?".

Silêncio completo na sala. Finalmente alguém disse: "Templeton, você ficou louco? Não é possível levantar três milhões de dólares em três horas dentro de três dias".

Templeton respondeu: "Eu não perguntei para vocês se *poderíamos* ou sequer se *deveríamos*. Só perguntei se vocês *gostariam.*"

Dito isso, alguém falou: "Bom, claro que gostaríamos!" Afinal, o país todo tinha visto o que estava acontecendo na cidade de Barry.

Foi então que Templeton usou com os executivos a fórmula ensinada por Bob Proctor, que agora eu ensino a você como uma ferramenta espetacular para usar quando for necessária a criação de ideias para Desempenho extremo.

Veja o que ele fez: Templeton desenhou um enorme T embaixo dos números. O tesão estava lá.

No lado esquerdo do tesão ele escreveu:

Por que não podemos

Do lado direito ele escreveu:

Como podemos

Ficou assim:

333

Por que não podemos	Como podemos

Então, depois de desenhar a tabela anterior (que parece mesmo uma grande letra T), ele fez uma coisa rara em reuniões de negócios: escreveu um grande "X" do lado esquerdo, ocupando todo o espaço disponível e cortando completamente a pergunta "Por que não podemos".

333

Por que não podemos	Como podemos
X	

Depois virou-se para o grupo e disse:

"Agora não há mais espaço para escrevermos as razões pelas quais não podemos levantar três milhões de dólares em três horas, dentro de três dias. *Embora tais razões possam ser válidas*, não existe mais essa opção, já que não temos espaço para escrever. Quando qualquer um de nós aqui disser ou der a entender que isso é impossível, todos devem gritar, o mais alto que puderem: *Próxima ideia!*"

Nesse ponto, alguns dos executivos começaram a achar que Templeton estava ficando louco, mas ele estava seguindo à risca as instruções de Bob Proctor.

Considerando que Templeton era o chefe da maioria daqueles executivos, todos — relutantemente — concordaram com a estratégia "maluca".

Templeton segurou a caneta perto do lado direito do *flipchart* e perguntou para o grupo: "Como podemos fazer isso?"

Aliás, só para deixar claro que estava falando sério, Templeton deu a entender que a reunião somente acabaria quando aquele lado do tesão estivesse completamente cheio de ideias anotadas.

Várias pessoas deram ideias de como eles *não* poderiam fazer a tarefa. Sempre que isso acontecia todo o grupo gritava: "Próxima ideia!"

A reunião começou a ficar interessante e engraçada, mas o melhor é que as ideias começaram a surgir, e em poucas horas eles já tinham um plano pronto para ajudar os afetados por aquela tragédia.

Eles convocaram cinquenta estações de rádio de todo o Canadá que concordaram em ajudar, e em três dias, todos se uniram durante três horas, levantando três milhões de dólares!

Agora, o tesão é seu

A estratégia do tesão passa a ser agora sua arma arrasa-quarteirão para ter ideias em situações de desempenho extremo quando forem necessárias e quando outros acreditarem que algo não pode ser feito.

Certamente, há várias razões lógicas e completamente compreensíveis para que algo não possa ser feito. *Mas tais razões não mudam o mundo*. O que muda o mundo — e vai mudar sua vida a partir de agora — *são as poucas razões pelas quais algo pode ser feito*. A estratégia do tesão é um dos melhores caminhos para conseguir isso.

A estratégia do tesão, quando usada, vai tornar você a pessoa mais criativa de um projeto, da família ou da empresa, e todos reconhecerão que seu desempenho é extremo, mesmo que você seja uma pessoa tímida.

Matriz de ideias

No sério e às vezes chato mundo corporativo, você pode chamar a estratégia do tesão pelo belo e sisudo nome de "Matriz de ideias" ou um tipo de *brainstorming*. Eu uma vez já usei o nome "Matriz positiva de soluções", pois se usasse o termo "Tesão por soluções" seria posto para fora da sala!

Mas, quando estiver usando comigo mesmo, o melhor modo é lembrar do "T grande" ou tesão. Sim, porque você não precisa usar essa técnica apenas em grupos. Pode usar no silêncio de sua casa, no ônibus, enquanto aguarda o dentista ou na hora do almoço.

Consigo mesmo! Como eu disse no início deste livro, desempenho extremo sempre deve ser avaliado internamente!

Isso porque, na verdade, há dentro de nós várias outras "personalidades" que adoram ficar repetindo que *não* podemos fazer algo, que não merecemos, que não vai dar certo, que não vale a pena lutar.

Quando você informa a esse grupo de vozes internas focadas na impossibilidade que *não há espaço disponível para maneiras de a coisa não funcionar*, você cala — mesmo dentro de sua mente — todas que têm ótimas razões para não fazer algo.

Se alguma delas levantar a voz, diga (e pode dizer em voz alta) o que todos devem dizer quando uma ideia não é positiva:

"Próxima ideia!"

E siga em frente. Faça isso hoje mesmo e você ficará impressionado com os resultados.

Revisão

AGORA É SUA VEZ

Aqui está um ótimo momento para que você possa criar ideias e soluções para algum aspecto da sua vida. A partir daqui há seis diagramas em T iguais. Todos vazios. Cabe a você, durante cinco dias seguidos, treinar o uso do tesão por soluções, com diferentes objetivos reais. Se você encontrar um problema real em sua vida, comece a criar soluções para resolvê-lo, como ensinado por Bob Proctor no relato feito por James. Pode ser uma ótima ideia criar uma âncora específica para os momentos em que você deseja soluções. Após a âncora, comece a escrever e não pare até que todo o lado direito esteja lotado de ideias.

Na linha superior do diagrama entra o seu objetivo.

Por que não podemos	Como podemos

Por que não podemos	Como podemos

Por que não podemos	Como podemos

Por que não podemos	Como podemos

Por que não podemos	Como podemos

Por que não podemos	Como podemos

É bom saber

Foco total na ação imediata

Sylvester Stallone, goste dele ou não, é um homem que usou a força de impacto para entrar para a história. Poucos sabem, mas ele escreveu o roteiro do filme *Rocky: Um lutador*, em *três dias* de concentração e foco máximos: a definição de *peak performance*. Foi com aquele desempenho extremo que sua vida mudou para sempre.

Na época, entretanto, ele estava tão falido que não podia comprar sequer um aquecedor para seu apartamento gelado e teve que vender seu cachorro, seu único amigo, por cinquenta dólares para comprar comida. O filme acabou arrecadando mais de *duzentos milhões de dólares.* Ele comprou seu cachorro de volta.

Quem se compromete totalmente com o sucesso parece "ter mais sorte na vida". Compromisso significa trocar a diversão e as bobagens da tevê e da internet pelo trabalho concentrado.

Multiplique suas ações e nenhum problema, por maior que seja, vai derrubar você.

9
Dez vezes mais

O que você prefere: conseguir levantar 100% da sua meta de cem mil dólares para sua empresa ou apenas 50% de um milhão?

O fato de não ter conseguido chegar ao novo topo não altera a realidade de que você superou seu objetivo inicial em cinco vezes!

Para se tornar um Davi e não se importar com o tamanho do Golias, basta treinar para desafios muito maiores. Então você terá seus motivos, sua concentração, a eliminação do universo externo, a energização e o tesão por soluções, e a explosão de sucesso será dez vezes maior.

Neste capítulo, você vai aprender a multiplicar seus resultados por dez e conseguir dez vezes mais sucesso. E se alguém leu todo o livro, mas pulou este último capítulo, você o vencerá.

Poder não é força

Achar que você tem o poder enquanto senta confortavelmente em sua casa e assiste à televisão, lê um livro ou navega na internet, não serve de nada. A força real surge somente quando você sai de casa e se envolve na realidade, alterando-a. Poder por poder é uma abstração e uma perda de tempo. É estar na zona de conforto sem saber.

Lembre-se de que a força surge somente da interação entre o *poder* e a *resistência*.

Desafie-se a sair de casa e fazer mais do que esperam de você. Quanto maior a resistência que encontrar, maior será sua força.

Há alguém que tenha mais poder para correr os 100m rasos que Usain Bolt? Provavelmente. Afinal, há mais de sete bilhões de pessoas no mundo, no momento em que escrevo este livro. Mas somente uma das que tem tal poder, o está colocando em prática, contra a resistência das pistas: Usain Bolt.

Bolt transforma esse poder em uma força explosiva, imediata e espetacular. Ele tem resultados extremos em todas as corridas das quais participa.

Ele tem *a força*.

Então, no caso de um atleta, um artista, um conferencista, um professor ou qualquer um que se apresente em público, seja para uma pessoa ou para um milhão, o momento máximo é sua "explosão" de força, quando os resultados são extremos e o desempenho está no pico.

É aqui que quero apresentar para você o conceito de 10X.

Ação X 10

Esse conceito foi muito bem apresentado por Grant Cardone em seu livro *10X: A regra que faz a diferença entre o sucesso x fracasso* (Da Boa Prosa, 2012).

Nele, Cardone explica que "você deve colocar objetivos que sejam dez vezes maiores do que você acha que devam ser e, assim, fazer dez vezes mais o que acha que deve ser feito para alcançá-los".

Chega a ser engraçado o fato de que muita gente vai ler a primeira sentença do parágrafo acima e esquecer-se da segunda. Então, só por garantia, vou repetir essa segunda sentença para você: "... e, assim, *fazer dez vezes mais* o que acha que deve ser feito para alcançá-los."

Muita gente é audaciosa quando estabelece um objetivo, mas se esquece de que junto com a audácia vem a elementar necessidade de aumentar o volume de trabalho necessário para atingir essa meta grandiosa.

A meta pode ser algo imediato, na esfera pessoal ou profissional, mas também pode ser algo distante. Não importa. A preparação deve ser dez vezes superior, imaginando que o desafio também será.

Vou me apropriar do conceito para dividir com você uma ideia diferente. Depois de ter passado pelas outras fases (seus motivos, sua concentração, a eliminação do universo externo e a energização) é hora de "explodir" em resultados. Seja no encontro com a família, seja no encontro romântico, no palco, com seu cliente, na reunião da empresa. É agora que você deve ser *mais* que espetacular.

Dez vezes mais.

Usain Bolt coloca isso da seguinte forma: "Não importa quão bom você é, sempre é possível melhorar".

Ele diz que começar da forma certa, desde a largada, é muito importante (o que não é fácil no caso dele, porque é muito alto). Portanto, ele demorou um pouco para aprender a disparar, logo no início da corrida. Ele tentava mais e mais, melhorando um pouco a cada corrida. "Tive que praticar muito", diz.

Talvez você também tenha de praticar muito os conceitos deste livro. Cada vez mais.

Dez vezes mais.

Quando você eleva a altura de seu objetivo, a meta muda, e você passa a atuar em um *novo nível de esforço* e resultados. Use a regra das 10X, como fez Davi antes de enfrentar Golias.

Quem tinha força: Davi ou Golias?

Na verdade, Davi era muito mais preparado para o combate que Golias. Dez vezes mais. Foi uma luta injusta sim, mas para o gigante, que tinha o poder, mas não a força.

Malcolm Gladwell trata disso em profundidade em seu livro *Davi & Golias — Azarões, Desajustados e a arte de matar gigantes.*

Nas batalhas entre os dois exércitos, descrita em detalhes na Bíblia, fica muito claro porque Davi venceu, e como. Mas, por alguma razão, ninguém presta muita atenção aos detalhes.

As pessoas sempre dizem que a luta entre Davi e Golias foi a vitória do mais fraco sobre o mais forte. Não é o caso. A metáfora é outra.

Vejamos:

Os dois exércitos — dos filisteus e do reino de Israel — estavam empacados por semanas, cada um em uma colina, divididas por um vale (a chamada planície da Judeia). Estavam empacados de tal forma que um lado não poderia atacar ao outro sem sofrer perdas enormes, porque o exército atacante teria que descer a colina e, ao passar pela planície, ficaria completamente exposto.

Ficaram lá acampados conforme as semanas passavam, um exército olhando para o outro, sem saber o que fazer. Então os filisteus tiveram a péssima ideia de usar a antiga tradição do duelo entre guerreiros.

Os duelos

Naquela época, às vezes as batalhas eram decididas somente entre os melhores soldados de cada lado. Quem vencesse o duelo levaria o título de vitorioso pelo seu lado, sem que ninguém mais tivesse que lutar. No filme *As crônicas de Nárnia*, vemos isso acontecer exatamente assim.

Duelar era uma tradição antiga.

Foi então que a batalha entre Golias e Davi começou a ficar emocionante.

Certa manhã, dois homens saíram da formação do exército dos filisteus. Um deles era um poderoso gigante com mais de dois metros,[25] chamado Golias.

Ajudando-o (ou escudando-o) ia à frente um batedor. O gigante caminhava bem devagar e com passos firmes. Era assustador e muito maior que qualquer outro guerreiro dos dois lados.

Segundo a Bíblia, Golias trazia na cabeça um elmo de bronze e vestia uma cota de escamas (uma armadura rudimentar, semelhante em princípio à proteção que mergulhadores usam contra ataques de tubarões, atualmente). Ele também vestia um uniforme que pesava cinco mil siclos de bronze — *mais de sessenta quilos*. Trazia caneleiras de bronze nas pernas e um dardo de bronze entre os ombros. Realmente assustador e poderoso.

Tão assustador que nenhum soldado do reino de Israel aceitou entrar em combate direto, pois certamente morreria ali mesmo.

[25] Seu tamanho é descrito no Livro de I Samuel capítulo 17:4 como de 6 côvados e um palmo, que significa mais de 3m. Provavelmente essa medida incluía sua vestimenta e armadura, mas mesmo sem isso ele devia ter mais de 2,5m. Era mesmo um gigante.

Desafiando oitenta vezes seguidas

Ao chegar a uma distância intermediária do exército inimigo, o ajudante se afastou e Golias bradou:

> *Escolhei dentre vós um homem que desça contra mim. Se ele puder pelejar comigo e me vencer e me ferir, seremos vossos servos; porém, se eu o vencer e o ferir, então, sereis nossos servos e nos servireis. Dai-me um homem para que ambos pelejemos.*[26]

Golias desafiou o exército de Israel toda manhã e toda tarde durante *quarenta dias*. Foram, portanto, oitenta desafios seguidos, mas ninguém aceitava ir até lá e entrar em combate. Aquilo já devia estar monótono.

Até que um pastor de ovelhas, Davi, foi ao rei de Israel e disse que lutaria com o gigante. O rei tentou dissuadi-lo — afinal, ele era apenas um adolescente, sem nenhum treinamento militar — mas Davi disse que já tinha matado um leão e um urso que queriam comer suas ovelhas. E completou:

> *Este filisteu será como um deles.*

O rei Saul achou um completo absurdo, mas como nenhum soldado estava disposto a lutar, ele não teve escolha. Deixou o rapaz duelar.

O rei, porém, estava pensando "dentro da caixa" e mandou o garoto usar uma armadura. Davi até tentou, mas logo respondeu que nunca tinha usado aquilo e queria ir sem aquilo. Foi apenas com seu cajado, cinco pedras *e sua funda*.

---

[26] Conforme A *Bíblia de estudo anotada e expandida* de Charles Ryrie, edição de 2007, da Sociedade Bíblica do Brasil (Título original: *Ryrie Bible: Expanded Edition*).

O encontro

Davi então desceu o morro para encontrar com Golias. O gigante vinha caminhando lentamente e parou. Davi continuou a se aproximar. Golias, então, vendo mais claramente, disse uma frase estranha: "Sou eu algum cão, para vires até mim com *paus*?", referindo-se ao cajado que Davi carregava.

Em todas as Bíblias esta frase mostra que foi dita no plural: *paus*, mas Davi tinha somente *um* cajado, portanto não eram *paus*, mas *pau*. Isso é muito importante.

Também disse outra coisa importante:

> *Vem a mim e darei a tua carne às aves do céu e às bestas-feras do campo.*

A chave, aqui, é "vem a mim".

Então Davi correu em sua direção, colocou a primeira pedra na funda, girou a uma velocidade de cinco ou seis vezes por segundo, quando estava a apenas alguns metros de distância, atirou na testa de Golias, acertando bem no centro e abrindo um buraco no crânio do soldado, derrubando-o na mesma hora. Então *pela primeira vez* Davi se aproximou do gigante, pegou sua espada e cortou sua cabeça.

Essa história está mesmo correta?

Sim, todos os registros confirmam que foi isso que aconteceu, mas há coisas curiosas.

Golias era da infantaria e pensou que o rei Saul enviaria outro guerreiro como ele para o duelo. Todos acharam isso, inclusive Saul. Nem por um momento alguém achou que outro tipo de soldado se apresentaria.

Tanto que Golias disse: *Vem a mim e darei a tua carne às aves do céu e às bestas-feras do campo.* Golias esperava que fosse lutar contra outro soldado da infantaria, pois eles só lutam no corpo a corpo. Certamente ele não pensou que enfrentaria um arqueiro, por exemplo. Ou um fundeiro.

Em outras palavras, Golias nunca teve chance. Davi estava *muito melhor preparado* que o gigante e longe o suficiente para não ser atacado (assim como Golias estava pesado demais para correr). Além disso, tinha uma arma melhor, mais rápida e nem precisava se aproximar de Golias para vencê-lo.

Davi não era um soldado de infantaria. Usava uma funda, arma poderosa usada por pastores, mas também por soldados da artilharia em alguns exércitos antigos.

Como eram as batalhas

Mais de três mil anos atrás, nas batalhas havia três tipos de soldados: os da *cavalaria* — homens em cavalos ou carroças de combate —, os da *infantaria*, soldados a pé com espadas, escudos e armaduras, e os mais perigosos, da *artilharia*.

Os artilheiros eram divididos entre arqueiros e, mais importante, fundeiros (também chamados fundibulários), que atacavam com a mais mortal e poderosa arma da época: a funda.

As pedras atiradas pelos fundeiros tinham maior alcance e precisão que as flechas dos arqueiros. Além disso, causavam um estrago muito maior aos soldados inimigos; dependendo da distância do alvo, podiam atravessar armaduras, fraturar costelas ou matar lentamente os guerreiros atingidos, já que não havia como socorrê-los no campo de batalha. Quando o tiro acertava a cabeça, a morte era instantânea, como no caso de Golias.

O gigante frágil

Como bem destaca Malcolm Gladwell, aparentemente o problema de Golias era ainda maior. Ao que tudo indica, ele era portador de acromegalia, uma síndrome causada pelo aumento da secreção do hormônio de crescimento que atinge uma pessoa em cada 20 mil. Quando não diagnosticada a tempo, a pessoa cresce sem parar.

E por que Gladwell acredita nisso?

Primeiro, porque pessoas que sofrem dessa síndrome têm um problema secundário típico. Com o crescimento acelerado, o controle visual acaba afetado, e a pessoa começa a ver dobrado. Isso explica o comentário de Golias: "Sou eu algum cão, para virem até mim com *paus*?", sendo que Davi tinha somente *um* cajado.

Além disso, a Bíblia diz que Golias foi acompanhado por um "batedor" — coisa que não faz sentido, porque Golias *era* um batedor. Era um soldado, e soldados não têm batedores particulares. Mas e se aquele homem estivesse ajudando Golias a caminhar pelo terreno? Afinal, com a visão ruim, isso era de se esperar.

Golias também demorou a perceber que Davi não era um soldado da infantaria. Tanto que, quando Davi descia a colina, ele disse: "Vem a mim e darei a tua carne às aves do céu e às bestas-feras do campo!"

Golias mandou que Davi *viesse até ele* porque ele não o enxergava. Ele não notou que Davi não lutaria com ele corpo a corpo, até que fosse tarde demais.

A Bíblia também ressalta que Golias andava muito devagar. Ora, ele era um guerreiro poderoso, então por que andava tão devagar? Porque não queria cair e se desmoralizar.

Ele era mesmo muito forte e um combate corpo a corpo dificilmente perderia. Mas ele mal conseguia ver Davi. Estava blefando. Tinha poder, mas não tinha a força.

Davi e seu treinamento

Davi treinou para matar leões e ursos que tentassem comer seu rebanho. Esses animais são muito mais perigosos que um soldado grandalhão, por mais ameaçador.

Um leão é muito rápido. Um urso, muito forte. Ambos são extremamente inteligentes. Todos os animais para os quais ele havia se preparado e com os quais já havia lutado tinham reflexos rápidos e eram difíceis de vencer. Mas ele já tinha vencido com sua funda, e o "gigante" Golias era páreo fácil em face ao seu treinamento.

Ele tinha treinado para desafios dez vezes maiores. Com uma funda.

A força da funda

Uma funda, quando usada por alguém bem treinado — e Davi fazia isso desde criança — é uma arma de alto poder de impacto.

É composta por uma corda com, no meio, um pedaço de couro chamado baladeira. Pastores, assim como soldados da artilharia de vários exércitos, colocavam pedras na baladeira e as atiravam contra animais e inimigos.

Numa extremidade da corda há um laço que se prende ao dedo médio do atirador. A outra ponta fica segura na mesma mão. O atirador, então, começa a girar a funda aproveitando o peso da pedra, apoiada na baladeira.

Na hora certa, o atirador larga a ponta sem laço e dispara a pedra.

Não parece grande coisa? Pense melhor

Usando uma funda é possível atirar uma pedra do tamanho de uma bola de bilhar, com um peso aproximado de 70g, a mais de 400m de distância, a uma velocidade de mais de 100km/h. O recorde mundial é de David Engvall, dos Estados Unidos, que em 1992 atirou um projétil a 477m de distância. Quase meio quilômetro! E o peso era de 62g.

Um atirador de fundas treinado é capaz de atirar uma pedra à velocidade de 35km/s (maior do que a de uma bola de beisebol). Dependendo da pedra utilizada e do número de rotações do atirador, uma funda pode fazer um estrago maior que uma pistola calibre 45.

Contra essa arma, o gigante Golias não tinha a menor chance. Ele era o mais fraco. Davi havia treinado para atingir animais muito mais perigosos e rápidos. Dez vezes mais rápidos. Dez vezes mais perigosos. Por isso, matar Golias foi dez vezes mais fácil.

A metáfora não é a do mais fraco vencendo o mais forte. Ela ensina que o mais preparado sempre vence o menos preparado, tenha o inimigo o tamanho que tiver.

Quem tem força é quem entra em ação para transformar o mundo, não quem somente pensa na ação

Há pessoas que dizem que essa análise é muito simplista, que Davi era uma criança e não poderia ter feito algo assim.

Ele não era criança, mas um adolescente. (Quem tem adolescente em casa sabe bem a diferença). Era muito treinado no uso da funda. Mas a idade dele não importaria para o sentido da metáfora. Tanto faz se você tem seis anos, 16 ou sessenta. Tudo o que a vida pede de você é ação.

Quer uma prova?

O autor de seis anos que já é um best-seller

Depois que eu já tinha escrito este livro, mas antes de enviar para revisão da editora, a *coach* Raquel Doretto[27] telefonou para perguntar se eu conhecia a história de um menino americano que havia escrito um livro para ajudar o amiguinho. Eu não conhecia, então ela contou todos os detalhes e passou os dados para que eu verificasse a história.

O nome do menino é Dylan Siegel, uma criança de seis anos cujo amiguinho, Jonah Purnazarian, de sete, foi diagnosticado com uma doença incurável.[28] A pesquisa pra encontrar a cura, como soube Dylan pelos pais, dependeria de investimentos em pesquisa que os pais do amiginho, claro, não tinham como pagar. Havia até um fundo para ajudar seu amigo Jonah, e Dylan queria participar.

Decidido a ajudar a arrecadar dinheiro, o menino pediu ajuda ao pai, que o aconselhou a montar uma barraquinha de limonada, uma estratégia, convenhamos, de baixa eficácia.

Dylan achou que isso não resolveria. Queria ajudar mais e não pensou muito.

Na noite em que soube, na escola, que seu amiguinho precisava de dinheiro para bancar as pesquisas, sua mãe, Debra Siegel, o estava colocando para dormir quando Dylan disse: "Mamãe, vou escrever um livro, vender e dar todo o dinheiro para a pesquisa da doença do Jonah".

Como já era hora de dormir, sua mãe achou que no dia seguinte ele teria esquecido isso.

---

[27] Raquel Doretto é coach LPC ligada à Academia Novak há vários anos.

[28] Glicogenose, uma doença ainda incurável no momento em que escrevo este livro, prejudica o armazenamento de glicogênio, diminuindo assim o nível de açúcar no sangue do corpo constantemente. É tão rara que atinge apenas uma criança em um milhão.

Mas, como tinha apenas seis anos, sua mente não estava cheia de "não posso", "não consigo" e "não mereço" como a de tanta gente. Havia um problema e ele se concentrou direto na solução.

Dylan decidiu escrever um livro. Depois de decidir, ele fez como poucas pessoas: ele *escreveu* o livro. No dia seguinte, Dylan chegou da escola, sentou-se e escreveu o livro. Era outubro de 2012.

Partindo para a ação

Ainda sem sequer ter sido totalmente alfabetizado e sem habilidade para escrever corretamente, ele escreveu as 16 páginas que contavam a história do amiguinho e falavam das coisas da vida que ele achava muito boas.

Uma das páginas traz, de um lado a outro, em garranchos coloridos, a seguinte frase: "*Eu gosto de passear na praia. É tão bom quanto uma barra de chocolate.*" "Barra de chocolate" é como o menino define algo bom demais. Por isso que o título do livro é exatamente *Chocolatebar* (barra de chocolate).

Dylan mostrou o livro para a mãe, orgulhoso, e disse: "Pronto, mamãe. Escrevi. Você vai fazer as cópias agora?" Depois mostrou para o pai, David Siegel, dizendo a mesma coisa, supondo que o livro seria impresso. Ao mostrar para os pais, explicou que ele venderia o livro para ajudar nas pesquisas.

"No início não sabíamos o que fazer", lembra David. Mas Dylan insistia sem parar, querendo imprimir o livro e levar para vender na escola. Ele insistia, insistia e insistia.

Haveria um evento na escola, e ele e seu amiguinho Jonah pediram permissão para vender o livro lá, em uma mesa. Com isso seus pais decidiram ir a uma gráfica e imprimir algumas cópias para os garotos. Afinal, se estivessem vendendo limonada, não iriam ganhar muita coisa.

Os pais imprimiram o livreto. Dylan e Jonah foram ao evento e sentaram em uma mesa de autógrafos no corredor enquanto torciam para que alguém desejasse comprar o livro.

Como o livro chama-se *Chocolatebar*, os pais de Dylan conseguiram uma doação de uma rede de mercados; cada livro comprado vinha com uma barra de chocolate.

Naquele dia aconteceu algo impressionante: em apenas duas horas de autógrafos os garotos levantaram mais de seis mil dólares! A rede de livrarias *Barnes and Noble* também promoveu uma tarde de autógrafos e outros cinco mil dólares foram arrecadados apesar de que, obviamente, nenhuma editora estivesse promovendo o livro. Quase dois meses depois de lançado, *Chocolatebar* já tinha levantado mais de 25 mil dólares.

Em menos de um ano, foram mais de 420 mil dólares levantados e transferidos integralmente para o fundo de pesquisa da Universidade da Flórida, onde o dr. David Weinstein busca a cura da glicogenose.

A meta de Dylan é conseguir juntar 1 milhão de dólares em doações.

Você pode dizer que foi sorte, mas nenhuma sorte do mundo ajudaria se ele ficasse em casa assistindo desenhos. É por isso que gosto tanto da seguinte frase:

Quanto mais trabalho, mais sorte tenho.

Multiplique seus esforços por 10. A sorte chegará.

Na dúvida, AJA

Se o capitão Edward J. Smith, comandante do *Titanic*, tivesse lido este livro, certamente as 1.522 vítimas teriam sobrevivido, porque, antes de tudo, você deve agir. Agir para iniciar o crescimento. Agir para manter o crescimento.

Se, em vez de ficar na festa, bebendo e se divertindo, ele tivesse agido rapidamente, alterando a rota do navio, reduzido drasticamente a velocidade quando isso ainda era possível e usado o rádio para pedir ajuda mais cedo, tudo seria diferente para centenas de pessoas que perderam a vida simplesmente porque ele demorou muito a fazer o que era necessário.

Quem fica parado olhando a vida passar acaba atropelado pela própria vida, seja na forma de um concorrente arrojado, uma circunstância inesperada ou uma oportunidade perdida. Como no caso do Titanic, às vezes a demora em agir pode acabar levando toda a sua poderosa vida, empresa ou relacionamento em rota de colisão direta para um iceberg.

Ação imediata e medidas mais rápidas teriam salvado o navio ou pelo menos evitado a maioria das mortes. Isso serve tanto para o Titanic quanto para a IBM pré-Apple.

Imagine que todo o sucesso que você deseja obter acaba de se tornar dez vezes mais trabalhoso

Aquela palestra que você vai apresentar vai exigir dez vezes mais esforço para ficar como devia. O workshop que você está preparando vai exigir dez vezes mais ensaios. A música que você vai tocar precisa ser estudada dez vezes mais. O parceiro que você está buscando vai consumir dez vezes mais de seu tempo e recursos. O cliente vai precisar de dez vezes mais empenho seu para conseguir o que ele deseja. O produto pedirá dez vezes mais investimentos. Cuidar de seus filhos exigirá dez vezes mais atenção do que você supunha. O tempo para conseguir o retorno sobre aquele investimento feito, que era de dois meses, agora é de vinte. O livro que você está escrevendo tomará dez vezes mais do seu tempo do que parecia.

Nada disso é ruim.

Na verdade, é tudo ótimo. Só será dez vezes mais trabalhoso e consumirá dez vezes mais recursos do que você imaginava originalmente. Por isso, para que as coisas aconteçam como você deseja, vai precisar *multiplicar por dez seus esforços.*

Para algumas pessoas que estão lendo essas linhas, com sabedoria, as baladas, os jantares com os amigos e as inúmeras horas assistindo televisão terão acabado. O preço do seu sonho, seja ele qual for, acabou de aumentar. E, com o preço, o valor dele também.

Algumas pessoas vão dizer: Então nem vou tentar!

Bem, se este é o caso, então você acabou de descobrir que não devia mesmo seguir por esse caminho, já que, cedo ou tarde, acabaria desistindo.

Então, ao decidir mudar de direção, você acabou de economizar o que existe de mais valioso: a própria vida.

Enfim, ao multiplicar por dez a expectativa de dificuldades e as ações necessárias, você cria também um seguro imediato contra falhas.

E desempenho extremo também será 10 vezes maior?

Sim.

Significa que você acaba de se tornar um guerreiro que vai enfrentar um gigante, um Golias, dez vezes maior que você.

E você será o vencedor.

Por quê?

Porque agora você vai preparar-se para ser dez vezes melhor, dez vezes mais claro, dez vezes mais competente, dez vezes mais dedicado, dez vezes mais romântico, dez vezes mais focado, *dez vezes o que você é agora.*

Ao multiplicar por dez sua expectativa de esforço, você vai se preparar melhor e seu desempenho será melhor.

Muito melhor.

Exatamente como Davi e Golias, na batalha entre filisteus e o reinado de Israel.

Muita gente pensa que aquela é uma metáfora do pequeno vencendo o grande. Não é assim. É uma metáfora do mais preparado vencendo o menos. Do mais adaptado vencendo o menos. Da vitória do que treinou para um desafio dez vezes maior.

Se eu não conseguir um resultado dez vezes maior, não ficarei desapontado?

Claro que não.

O que você prefere: conseguir levantar 100% da sua meta de 100 mil dólares para sua empresa ou apenas 50% de um milhão? O fato de não ter conseguido chegar ao novo topo não altera a realidade de que você *superou seu objetivo inicial em cinco vezes!*

Como você percebe, não há problema algum em não atingir o resultado dez vezes maior. Entretanto, esse deve ser seu objetivo.

Dez vezes mais de tudo. Então você terá seus motivos, sua concentração, a eliminação do universo externo, a energização, o tesão por soluções, e a explosão de sucesso será dez vezes maior.

A explosão também pode ser entendida como *ação*.

Se você é introvertido, ou se estamos falando de um projeto empresarial, a ação pode ser muito mais útil que a explosão. Se, por outro lado, estamos falando de você e de sua vida, busque ser dez vezes melhor e tudo vai mudar na sua existência.

Dez vezes melhor pai. Dez vezes melhor filho. Dez vezes melhor marido. Dez vezes melhor esposa. Dez vezes melhor amigo. Dez vezes melhor colaborador. Dez vezes melhor chefe.

Dez vezes

Embora o conceito de 10X tenha sido criado para objetivos que originalmente não se aplicavam a desempenho extremo, minha experiência, com os outros e comigo mesmo, mostram que quando você se empenha apenas "um pouco" é facilmente derrotado por quem se dedica "apenas um pouco mais", isso sem falar de quem se dedica muito.

Se você se compromete só "um pouco", se você trabalha só "pouco", se experimenta da vida só "um pouco", no final das contas sua vida será um amontoado de "poucos".

Uma vida assim pode ser muito pouco para você.

Desligue a televisão, o rádio e o computador, feche o jornal e o livro e saia de casa. É fora de casa que a vida acontece. Trocar a vida por uma *análise da vida* pode ser bom para uma pedra, mas você é muito mais que isso.

Naturalmente, para dedicar-se por completo a algo, você tem que escolher não dedicar-se a outra coisa. Isso se chama *decidir* — escolher não explorar o outro caminho.

Quando você quer coisas mutuamente excludentes, acaba dedicando-se um pouco a tudo e fazendo tudo *medianamente* bem feito. De mediano deriva a palavra medíocre.

Sei que você não quer uma vida medíocre, ou não teria lido este livro até aqui. Por isso, dedique-se totalmente a algo, atire-se com toda a força e faça história. Marque sua vida e a vida das pessoas que são importantes para você.

Dez vezes mais.

Se alguém leu este livro até o capítulo anterior, mas não leu este, em combate direto com você, *ela vai perder*. Por uma razão muito simples. Você faz mais.

Dez vezes mais.

Você é mais rápido que outras pessoas.

Dez vezes mais rápido.

Você se compromete muito mais do que aqueles que só dizem isso da boca para fora.

Dez vezes mais comprometido.

Você estuda com mais afinco o tema do que seu concorrente.

Dez vezes mais afinco.

Você faz dez vezes mais ligações que outros que vendem exatamente o mesmo produto ou serviço.

Dez vezes mais ligações.

Você sorri com muito mais verdade e dedicação do que outras pessoas ao seu redor.

Dez vezes mais sorrisos.

Você se exercita com mais frequência que as pessoas que só dizem exercitar-se.

Dez vezes mais exercícios.

Você economiza mais do que os que ganham o mesmo que você.

Dez vezes mais economia.

Você mantém sua palavra, tornando-se mais confiável.

Dez vezes mais confiável.

Você passa a ser pontual porque sai com muito mais antecedência para seus compromissos.

Dez vezes mais pontual.

Você leva uma vida mais saudável que os amigos que o cercam.

Dez vezes mais saudável.

Na verdade, qualquer pessoa que faz tudo isso vale muito mais de dez vezes seu peso em ouro.

Você vale muito, muito mais. No mínimo, dez vezes mais.

Revisão

AGORA É SUA VEZ

Explique qual a diferença entre poder e força. Por quê?

Quais áreas da sua vida receberão a partir de agora dez vezes mais atenção do que recebiam até então? Explique por que você vai se dedicar dez vezes mais a essas áreas.

Conclusão

Este livro apresentou táticas e técnicas para fazer você dar o melhor de si nos momentos mais críticos da sua vida profissional, pessoal e interior.

Estamos alcançando o final da *primeira* dimensão da força. Se você chegou até aqui, já pode testar tudo agora mesmo. Já pode iniciar a mudança de direção de sua vida imediatamente. Mas a vida não se resume a decisões e ações de impacto.

Há pessoas que têm desempenho extremo, mesmo sem treinamento, mas se esquecem de usar os outros tipos de força.

São pessoas de grande iniciativa, mas quase nenhuma "acabativa".

Pessoas que têm, em suas biografias, momentos espetaculares de superação e enfrentamento de seus maiores medos, mas que, quando precisam mudar o estilo de força a ser usada, perdem tudo.

São pessoas apressadas, inconstantes, ansiosas, que não constroem credibilidade com suas palavras e ações. Sua vida é sempre um caos, constantemente dependendo de alguém ou de "sorte". Suas famílias parecem nunca serem construídas, e suas raízes nunca são fixadas. São como filmes que nunca terminam. Sem alinhamento, sem foco e sem visão de longo prazo.

Começam projetos com muito gás e depois tudo vai ficando mais fraco, mais dependente da sorte e menos emocionante. A vida cai em um marasmo sem fim.

É fácil saber se você é assim.

Lembra-se de momentos em que agiu com muita força, quando iniciou um novo caminho, mas não conseguiu manter o entusiasmo? De um momento para outro, tudo mudou. Você perdeu todo o tempo de vida investido.

Se for seu caso, talvez precise entender os diferentes tipos de força e quando usar cada um deles.

Por isso, agora que você já sabe como usar a força de impacto, é bom ficar de olho nos meus próximos livros, que vão tratar desses outros estilos de força.

Prepare-se para um salto maior.

Encontro você na primeira página de nossa próxima viagem juntos.

Estou indo para lá agora. Chegue rápido.

Dez vezes mais rápido.

Agradecimentos

Se não fosse por eles, este livro seria muito diferente, ou nem existisse.

Com absoluta certeza, minha editora Carolina Chagas foi quem levou este livro por todas as fases necessárias para que você o tenha em mãos agora. Ela confiou no projeto e nas ideias representadas aqui. Agradeço também a Giuliana Alonso, que cuidou da revisão completa, melhorando muito o livro, assim como toda a equipe da Agir que cuidou de tudo, incluindo a capa, distribuição e marketing do livro.

Também sigo agradecendo a Cláudio Aragon, editor do meu segundo livro, que foi quem sugeriu que eu escrevesse uma nova obra cujo tema realmente mudasse, de modo positivo, a vida dos leitores. E, aproveitando, também agradeço a Marcos Torrigo, editor do meu primeiro livro, que leu o manuscrito e deu várias sugestões para melhorar o conteúdo. Todas foram seguidas com prazer.

Da minha equipe, quero destacar duas pessoas: o hipnoterapeuta Carlos Quintino, sempre persistente e criativo, que me ajudou com a escolha do título para este livro, além de ter usado seus "olhos de águia" para detectar falhas em vários pontos. A *coach*, especialista em mapas mentais e também hipnoterapeuta Raquel Doretto, que trabalha comigo há muitos anos, especialista em mapas mentais, também ajudou muito na revisão e com seus *insights*. Ambos são essenciais para meu sucesso.

Meus amigos e especialistas que fizeram a leitura crítica do primeiro manuscrito também merecem agradecimento especial: Amanda Gaia, Rosana Braga, Sonia San, Andréa Gandra, Rodrigo Cardoso, Frederico Baggio, Marcos Rossi, Marcelo Ferrão, Tommy Nelson, Amaury Simoni e Rogério Castilho.

A leitura crítica que me mais me impressionou foi a de Cristiana Assumpção. Pontual, precisa e extremamente cuidadosa. Graças a ela mudei, para melhor, muita coisa que aparecia aqui.

Frederico Baggio merece uma menção especial, porque é há muitos anos patrocinador de minha presença on-line, desde a época em que eu era completamente desconhecido.

Claudemir Oliveira, presidente e fundador do Seeds of Dreams Institute, empresa americana sediada na Flórida, revisou e me ajudou muito a entender e descrever parte do funcionamento dos parques temáticos americanos, especialmente do Walt Disney World. Ele foi essencial no capítulo sobre King Kong.

Madresita Ione e meus irmãos Eduardo e Edgard sempre merecem estar aqui nos agradecimentos. Sem eles eu nem seria escritor. Também foram leitores críticos do manuscrito.

Minha amada, Amanda, merece destaque. Ela me acompanhou nesta jornada com amor e paciência, sempre me dando suporte em tudo.

Obrigado a cada um de vocês.

Mas também tenho outro agradecimento especial. Pouco antes de publicar este livro, decidi fazer uma pesquisa entre meus leitores sobre o título que ele deveria ter. Tive a participação ativa de 808 pessoas de vários lugares do mundo, que votaram no melhor nome e, mais importante, sugeriram diversas alternativas, destacando o que havia de errado nas opções anteriores. Foi com base nas centenas de mensagens recebidas que decidimos o título utilizado aqui.

Agradeço, por fim, aos meus dedicados leitores de mais de 170 países que gentilmente me enviaram perguntas sobre este livro via e-mail, Facebook, Google, Twitter, ou por meio de meus sites oficiais, www.AldoNovak.com.br, www.AldoNovakPalestrante.com.br e www.ForcadeImpacto.com.br.

Sobre o autor

Aldo Novak (pronuncia-se *Nôvak*) é um dos primeiros e mais consistentes *coaches* do Brasil. Suas apresentações já foram assistidas por mais de trezentas mil pessoas em vários países. Sua empresa foi fundada em julho de 1993 sendo, atualmente, o mais antigo instituto de *coaching* em funcionamento no Brasil. Ele teve aulas até 1994 com uma das lendas do *coaching*, Thomas Leonard, considerado o "pai do *coaching*" na Coach University (EUA).

Sua expertise inclui capacitação em relacionamentos familiares e educação de pais. Ele é especialista em *coaching* para negócios, interação corporativa e motivação e mobilização de equipes, além da utilização do *systematic approach* para resolução de conflitos dentro do mundo empresarial.

Aldo Novak também aprendeu com Tony Robbins e Cloé Madanes os conceitos e ferramentas de SI — *coaching de intervenções estratégicas* nas áreas de negócios, família e saúde, habilitando-se a atuar em ações de desempenho extremo, transformação e resgate de relacionamentos, saúde e equilíbrio de peso, criação de hábitos poderosos, comunicação e gestão de conflitos familiares, apoio a adolescência, prevenção de comportamentos autodestrutivos, resiliência, liderança, negociação indireta, superação de choque e incertezas, desbloqueio para *peak performance*, mudanças de decisões-chave do passado eotimização de valores profundos e prioridades.

Aldo Novak é também hipnólogo clínico, jornalista, *practitioner* em programação neurolinguística e linguagem eriksoniana, também conhecida como linguagem hipnótica, além de *master trainer* em mapas mentais.

Criador e apresentador de 12 vídeos de treinamento corporativo da coleção comportamental *Pessoa melhor, empresa melhor* (Linkquality 2007-8), com especial foco em Recursos Humanos, também é autor de outros dois livros, um audiolivro eleito destaque educacional do ano pela Associação Brasileira de Treinamento e Desenvolvimento, corroteirista e apresentador do filme *Você atrai o que transmite* e eleito 34º membro da Academia Guarulhense de Letras.

Diretor do Grupo Novak Communication Center, proprietário da Academia Novak, também é associado do projeto "Jornadas Mágicas", que leva pessoas até Machu Picchu e Nazca em viagens especiais.

Ele é porta-voz oficial dos livros e dos filmes *The Secret — O segredo*, e *O efeito sombra*, de Deepak Chopra, Debbie Ford e Marianne Williamson, *A empresa livre de fofoca*, de Sam Chapman, além do documentário *Você pode curar sua vida*, de Louise Hay, e *O código da matrix*, de Mike Dooley. Também é embaixador do filme da palestra de Stephen R. Covey, *O oitavo hábito — da eficácia à grandeza*.

Foi o único conferencista convidado para apresentar suas palestras com o canadense Bob Proctor em várias cidades do Brasil, no evento *The Secret Brasil*.

Aldo Novak nasceu na cidade de São Roque em São Paulo, mas vive desde criança na cidade de Guarulhos.

Contato com o autor

Aldo Novak pode ser contatado pelos seguintes meios:

Sua empresa:
Novak Communication Center Cursos e Treinamentos
Palestras, treinamentos e coaching
Rua Vergueiro, 2087, 1° Andar
Vila Mariana, São Paulo/SP
Brasil
04101-000

Seus sites:
www.AldoNovak.com.br
www.ForcadeImpacto.com.br
www.AldoNovakPalestrante.com.br
www.akademus.com.br

Seu Facebook oficial:
facebook.com/AldoNovak
Seu canal no YouTube:
youtube.com/AldoNovak

Seu Twitter oficial:
twitter.com/AldoNovakBrasil

Seus telefones:
Tel.: + 55 11 5087 8835
Fax: + 55 11 5087 8810

Seu e-mail oficial:
aldonovak@gruponovak.com.br

Publisher
Kaíke Nanne

Editora executiva
Carolina Chagas

Editores de conteúdo
Giuliana Alonso
Guilherme Vieira

Coordenação de produção
Thalita Aragão Ramalho

Produção editorial
Jaciara Lima

Revisão
Rafael Gomes Surgek
Zaira Mahmud

Diagramação
Lúcio Nöthlich Pimentel

Capa
Luiz Basile – Casa Desenho Design

Este livro foi impresso no Rio de Janeiro, em 2015,
pela Edigráfica, para a Editora Agir.
A fonte usada no miolo é Electra LT Std, corpo 12/17.
O papel do miolo é chambril avena 80g/m^2 e o da capa, cartão 250g/m^2.